회사를 착취하라

회사를 착취하라
작은 회사를 딛고 스스로 성장하는 성공 법칙

발행일   2016년 4월 28일 초판

지은이   모리 고
옮긴이   전경아
편집   강원정

펴낸이   한창훈
펴낸곳   루비페이퍼

주소   경기도 부천시 원미구 소향로 143 1동 1118호
전화   032 322 6754
팩스   031 8039 4526
홈페이지 www.RubyPaper.co.kr
출판등록 2013년 11월 6일 제 385-2013-000053 호

디자인   MCR
ISBN   979-11-86710-06-7

이 책은 저작권법에 따라 보호받는 저작물이므로 무단 전재와 무단 복제를 금하며, 이 책 내용의 전부 또는 일부를 이용하려면 저작권자와 루비페이퍼의 서면 동의를 받아야 합니다.

책값은 뒤표지에 있습니다.
잘못된 책은 구입하신 곳에서 바꾸어 드립니다.

회사를 착취하라

작은 회사를 딛고
스스로 성장하는 성공 법칙

루비페이퍼

CHIISANA KAISHA DE SEIKOU SURU 45 NO RULE by Go Mouri
Copyright©2014 Go Mouri
Korean translation copyright ©2016 by RubyPaper. All rights reserved.
Edited by CHUKEI PUBLISHING

First published in Japan in 2014 by KADOKAWA CORPORATION, Tokyo.
Korean translation rights arranged with KADOKAWA CORPORATION, Tokyo.
through Danny Hong Agency.

이 책의 한국어판 저작권은 대니홍 에이전시를 통해 저작권자와 독점 계약한
루비페이퍼에 있습니다. 저작권법에 의하여 한국 내에서 보호를 받는 저작물이므로
무단 전재와 무단 복제를 금합니다.

차례

10 역자서문

제1장_왜, 유능한 사람이 작은 회사에서 일하는 것일까? — 15

16 법칙 01 왜, 유능한 사람이 작은 회사에서 일하는 것일까?

20 법칙 02 같은 노력을 한다면 작은 회사에서 하는 것이 더 효율적이다

24 법칙 03 자기 발전은 작은 회사가 유리하다

29 법칙 04 성취감과 일하는 보람으로 일의 과정을 즐겨라

34 법칙 05 사장에게 직접 어필할 수 있다

37 법칙 06 경영 마인드를 터득할 수 있다

40 법칙 07 단기간에 매니지먼트 경험을 할 수 있다

43 법칙 08 툭하면 사고가 발생하기 때문에 문제해결 능력을 기를 수 있다

47　**제2장_작은 회사에서 한발 앞서나가는 마음가짐**

48　법칙 **09** 회사가 아니라 자신의 힘으로 승부하라

53　법칙 **10** 오르기 편한 계단으로 올라가라

57　법칙 **11** 퍼포먼스로 승부하라

61　법칙 **12** 비난이나 비판을 받으면 시험받고 있다고 생각하라

64　법칙 **13** 작은 회사는 뚜껑이 없는 상자라고 생각하라

69　**제3장_작은 회사에서 성장하는 행동 법칙**

70　법칙 **14** 휴식은 두 종류로 나눠라

74　법칙 **15** 일은 하는 것이 중요하다

78　법칙 **16** 회사 내의 온도 차를 느껴라

81　법칙 **17** 맨손으로 이동하지 마라

83　법칙 **18** 준비한 자료는 쓰지 않은 것이 최선

85　법칙 **19** 미래를 생각하기 전에 지금 당장 움직여라

89　**제4장_작은 회사에서 자신의 가치를 높이는 아웃풋**

90　법칙 **20** 일을 잘하는 것보다 아는 것을 우선하라

94　법칙 **21** 인풋을 위한 아웃풋을 하라

98 **법칙 22** 서류는 A4 한 장에 정리하라

101 **법칙 23** 의제(아젠다)와 의사록을 만들어라

105 **법칙 24** 사람들 앞에서 발표할 기회를 만들어라

108 **법칙 25** 자기소개를 연습하라

113 **법칙 26** 퍼실리테이터를 도입하라

117 **법칙 27** 상대가 알아듣기 쉽게 설명하라

121 **제5장_작은 회사에서 살아남는 인간관계를 맺는 방법**

122 **법칙 28** 직속 상사뿐만 아니라 임원과 사장에게도 좋은 인상을 주어라

128 **법칙 29** 자신보다 우수한 사람과 어울려라

132 **법칙 30** 라이벌을 만들어라

136 **법칙 31** 1년에 500명을 만나라

139 **법칙 32** 술자리에서는 불평을 하지 말고 제안을 하라

142 **법칙 33** 협상할 때는 상대가 얻을 메리트도 알려준다

146 **법칙 34** 바쁠 때는 남의 시간을 빌려라

149 **제6장_작은 회사에서 '수익을 내는 힘'을 기르는 방법**

150 **법칙 35** 급여 등의 조건은 입사 전에 결정하라

154 **법칙 36** 돈의 흐름을 의식하라

157 **법칙 37** 연봉이 오르지 않거든 연수를 받으러 가라

160 **법칙 38** 자신의 매출공헌도를 숫자로 파악하라

163 **법칙 39** 제출물은 먼저 작성하는 습관을 들여라

168 **법칙 40** 과정보다 결과를 중시하라

172 **법칙 41** 인내는 쓰지만 열매는 달다

178 **맺음말**

회사를 착취하라

역자서문

서문에 보면 일본의 회사 중 99.7%가 중소기업이라고 한다. 이에 관해서는 우리도 사정이 다르지 않아서 약 99%가 중소기업이고 근로인구의 대다수가 중소기업에서 근무 중이라고 한다(정확히는 전산업이 99.9%, 제조업이 99.4%의 비중을 차지하고 있으며 근로인구는 전산업이 87%, 제조업이 76.4%의 총 비중을 차지한다). 즉, 대기업에 다니거나 다닐 수 있는 사람은 소수에 불과하다는 얘기다.

나는 이미 구직활동을 할 나이를 훌쩍 넘겼지만, 내가 취직활동을 할 때도 "첫 테이프를 잘 끊어야 한다"거나 "처음 들어가는 직장이 평생을 좌우한다."라는 말을 심심치 않게 들었다. 십수 년 전에도 대기업 선호경향이 뚜렷했던 것이다. 그리고 지금도 그러한 상황은 달라지지 않은 듯하다. 오히려 그때보다 더 좁아진 관문을 넘기 위해 학생들은 우리 때보다 더 치열하게 소위 '스펙'을 쌓고 있지 않은가? 이제는 '스펙'이라는 단어가 더 이상 생소하게 들리지 않게 되었다.

하지만 마냥 대기업만 지향할 수는 없는 노릇이다. 오랜 준비 끝에(요새는 '취업준비생' 즉 취준생이라는 말도 쉽게 들을 수 있다) 성공하면 다행이지만 앞에서도 설명했다시피 대기업의 일자리는 한정되어 있다. 그렇다면 작은 회사에 들어가서 나름대로 경험을 쌓고 자신의 길을 가는 수밖에는 없는 것이다. 게다가 요새는 대기업이라고 해서 마냥 안심할 수도 없는 노릇이다. 좁은 취업문을 뚫고 대기업에 입사해도 임원이 될 소수를 제외하면 마흔이 넘어 승진하기도 쉽지 않고 심지어 마흔이 되기 전에 정리해고 등으로 회사를 나오는 사람도 드물지 않다. 정년이 보장되어 있지 않다는 말이다.

이 책의 저자는 본문에서도 여러 번 밝힌 바와 같이 프랜차이즈 식당을 운영하는 대기업에서 근무하다가 규모가 작은 부동산 회사로 옮긴 사람이다. 그는 왜 대기업에서 중소기업으로 옮겼을까? 크고 작은 여러 기업들의 입사제안을 뿌리치고 왜 작은 회사(중소기업)를 선택한 것일까? 그리고 어떻게 그 회사에서 경험과 스킬을 쌓고 독립해서 회사를 설립했을까? 등등 자신의 경험을 바탕으로 작은 회사에 들어와야 하는 이유부터 그곳에서 살아남는 방법, 스킬을 기르는 법, 인간관계를 맺는 법, 처세술까지 조목조목 설명해준다. 때로는 너무 노골적이라서 이렇게 써도 되는 것일까, 하는 의문이 들 정도로 솔직하고 거리낌이 없다. 가령, 출세를 지향하라, 회사경비로 스킬과 자기연마에 힘쓰라, 사장과 임원에게 잘 보여라 등등 마음속으로 생각은 하되 주위에 눈치가 보여서 말로 꺼내기 힘든 이야기들을 거침없이 털어놓는다. 그래서 반감을 느끼는 사람도 있을 텐데 저자는 그런 사람에게 솔직히 말한다. 그런 마음가짐이라면 일찌감치 출세를 포기하라고.

 이 책을 읽다 보면 알겠지만 저자는 남보다 수 배 노력해서 자신의 커리어를 쌓고 스킬을 단련했다. 그리고 그 과정에서 동료의 질시와 비판을 받기도 했다. 하지만 저자는 그런 것에 아랑곳하지 않고 자기만의 길을 묵묵히 걸었다. 거기에는 작은 회사에서 어떻게든 살아남겠다는 저자의 절박함이 들어있다. 그래서일까? 이 책에는 자신과 비슷한 처지에 있는 사람들에게 하나라도 더 노하우를 전수하려는 저자의 마음이 느껴진다. 제목에도 나와 있듯이 이 책은 작은 회사에서 성공하는 법칙을 알려주는 책이다. 어쩌면 이 책을 읽는 분도 어떤 절박함이 있기에 이 책을 선택한 것인지 모른다. 방향을 잃고 어떻게 해야 할지 모르겠다, 혹은 매너리즘에 빠져 현실에 안주하고 있다면 이 책이 좋은 자극이 될 것이다. 더불어 저자의 경험과 조언을 읽으면서 자기만의 방식을 찾아보면 어떨까.

 이런 책이 나와야 하는 현실이 씁쓸하기는 하지만 우리는 어쨌든 이런 사회에 적응하고 살아남아야 하는 것이다. 이 책은 방향도 목표도 뚜렷한 책이라서 읽기에 별 다른 어려움이 없을 것이다. 책을 읽는 분들이 원하는 방향대로 나아갈 수 있기를 바란다.

2016년 4월

역자 전경아

제1장
왜, 유능한 사람이 작은 회사에서 일하는 것일까?

법칙 01
왜, 유능한 사람이 작은 회사에서 일하는 것일까?

유능한 사람에게 작은 회사는 매력적이다

우리는 흔히들, 능력이나 스펙이 뛰어난 사람들이 대기업에서 일하는 것이 당연하다고 여기고, 작은 회사는 상대적으로 그렇지 못한 사람들이 일하는 곳이라고 생각하곤 합니다.

공부를 열심히 하고, 좋은 성적을 거둔 사람이 명문대를 가듯이, 탁월한 능력과 뛰어난 스펙을 가진 사람들은 좋은 회사에 다닌다고 평가하기 때문입니다.

이러한 기준에서 생각한다면, 작은 회사에는 결코 유능한 사람이 없어야 합니다. 기술 혁신이나 뛰어난 업무 성과는 모두 큰 회사만을 위한 전유물이 되어야 합니다. 하지만 실상은 그렇지 않습니다. 저와 함께 일하는 작은 회사에 속한 이들을 대상으로 생각해 보아도, 이들은 결코 능력이 부족하지 않을 뿐만 아니라 상당히 뛰어난 실력을 갖추고 있습니다.

일례로, 구글이 세계 최고의 기업임은 틀림없는 사실이고, 그곳에서 일하는 인력들 역시 세계 최고라는 데에는 이견이 없습니다.

하지만 실리콘 밸리에 있는 수많은 작은 IT 회사들이 품고 있는 인력들도 그에 못지 않은 탁월한 능력을 자랑합니다. 큰 회사에서 마음껏 일해도 될만큼 충분히 유능한 인재들이죠. 이들은 왜 큰 회사 대신 작은 회사에서 일하는 것일까요?

그것은, 유능한 사람에게는 작은 회사가 훨씬 매력적이기 때문입니다. 만약 여러분이 회사에서 지시하는 일만 하면서 매월 받는 월급에 만족하며 살아가고자 한다면 개개인이 잘 드러나지 않는 큰 회사가 더없이 좋은 직장입니다.

하지만 여러분이 충분한 능력이 있고, 그 능력을 유감없이 발휘하고 싶다면 그럴 수 있도록 기회가 주어지는 작은 회사가 더 어울립니다.

작은 회사에서는 조금만 열심히 해도 '유능하다'는 평가를 받는다

큰 회사에서 여러분이 일하고 있다고 가정해봅시다. 외부에서는 이름있는 회사에 다니고 있다고 좋은 평가를 받을 수 있겠지만, 내부를 들여다보면 나와 같은 사람들이 한두 명이 아닙니다.

저는 국내 최고라고 불리는 대학교를 처음 방문했을 때, 각자의 고등학교에서 전교 1등을 했던 학생 수천 명이 교내에서 돌아다니고 있는 것을 보고 충격을 받았습니다.

대학교야 서로 경쟁을 하면서 발전해 나가는 윈-윈 전략이 가능하겠지만, 회사에서는 사실 승진을 위한 경쟁자입니다. 입사 동기 수십, 수백 명과 초기 승진을 위한 경쟁을 해야 하고, 다시 그 위의 선배들과 경쟁을 해야 하며 또다시 그 경쟁에서 살아남은 사람들과도 끊임없는 경쟁을 해야 합니다.

큰 회사라면 임원이 되기 위해 경쟁해야 하는 사람들은 수백 명에서 수천 명에 이릅니다.

하지만 만약 여러분이 작은 회사에서 일하고 있다면 어떨까요? 작은 회사에서는 인원이 적기 때문에 그만큼 여러분의 일거수일투족이 명료하게 드러납니다.

조금만 좋은 아이디어를 내거나 열심히 일해도 유능하다는 평가를 받을 수 있습니다. 이는 곧 많은 기회로 이어집니다. 상대적으로 덜 경쟁하지만, 조금만 노력한다면 금세 그 노력이 드러나는 것이죠. 이러다 보니 임원이 되기 위해 경쟁해야 하는 사람들은 몇십 명, 많아야 몇백 명 정도에 지나지 않습니다.

누군가는 "큰 회사에서 임원이 되는 것과 작은 회사에서 임원이 되는 것을 같이 비교하면 안 되잖아요? 대우가 다른데."라고 물을 수도 있겠지만, 여러분이라면 0.1%의 확률로 10억이 당첨되는 복권과 5%의 확률로 1억이 당첨되는 복권 중에서 어느 쪽을 사시겠습니까?

법칙 02
같은 노력을 한다면 작은 회사에서 하는 것이 더 효율적이다

여러분이 하는 일이 회사에 미치는 파급력은 어느 정도일까?

큰 회사에서 일할까, 작은 회사에서 일할까. 이 선택은 일하는 데 매우 중요한 문제입니다.

일할 때는 별로 의식하지 못하지만, 책임의 정도가 다르기 때문입니다.

예를 들어, 사원이 5,000명이 있는 회사에서 1,000만 엔의 손실을 내면 개인이 책임을 져야 할지도 모르지만, 회사가 위기에 빠지는 경우는 거의 없습니다. 하지만 작은 회사에서는 큰 타격을 받게 됩니다.

예를 들어, 제가 일하던 두 곳의 회사를 비교해 보면, 저 한 사람이 회사에 주는 충격은 5,000분의 1(0.02%)과 50분의 1(2%)로 100배의 차이가 납니다.

즉, 작은 회사에서는 사원 한 명이 지는 책임이 훨씬 큽니다.

작은 회사에서는 입사하면 바로 중대한 업무를 맡을 수도 있다

사원 한 사람이 지는 '책임'의 정도가 다르다는 것은 뒤집어 말하면 사원 한 명에 대한 '기대'도 다르다는 걸 뜻합니다.

작은 회사일수록 사원 한 사람의 매출의욕이나 업무개선으로 말미암은 여파가 크기 때문입니다.

큰 회사에 같은 충격을 주려면 그보다 100배의 능력과 퍼포먼스를 발휘해야 합니다.

제가 큰 회사에 다닐 때는 점장으로서 실적이 좋은 편이었습니다.

그렇지만, 다른 점장들도 실적이 좋거나 저와 비슷하게 열심히 하는 경우가 많아서 남다른 대우를 받지는 못했습니다.

하지만 작은 회사로 이직한 후에는, "전 직장에서 점장을 했다"는 이력만으로 바로 주목을 받았습니다.

그때 저는 회사의 크기에 따라 사원 한 사람이 져야 할 책임이나 기대의 비중이 다르다는 것, 그리고 작은 회사에서는 사원 한 사람에게 거는 책임이나 기대가 크다는 것을 깨달았습니다.

저는 그 점을 이해하고 사장이나 전무가 요구하는 것을 우선하여 일을 계획하고 행동으로 옮겼습니다.

그 결과, 사장이나 전무로부터 직접 "기대하고 있다."라고 격려를 받고, 입사한 지 3개월 만에 신규사업 프로젝트의 리더로 발탁되었습니다.

작은 회사에서는 사원 한 명에게 거는 기대가 크기 때문에 책임을 다해 일하는 자세를 보이면 윗사람에게 기대를 받고 단기간에 승진하거나 프로젝트 리더로 발탁되기도 합니다.

똑같이 노력해도 일하는 환경이 달라지면 그에 따른 결과도 달라집니다. 능력이나 스킬을 발휘하고 싶으면 작은 회사에서 하세요. 그것이 단시간에 당신을 돋보이는 지름길입니다.

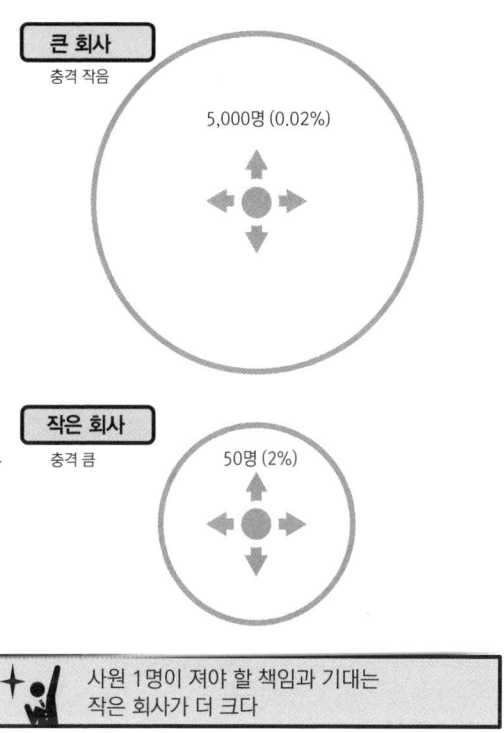

법칙 03
자기 발전은
작은 회사가 유리하다

유능한 사람이 많은 큰 회사에서는 자신을 연마하기가 어렵다

일본에는 대략 421만 개의 회사가 있다고 합니다. 전체 직장인 중 대기업에서 일하는 사원의 수는 34%를 차지합니다.

하지만 기업 수로 보면 99.7%가 중소기업이고, 대기업은 0.3%에 불과합니다.

이 숫자는 무엇을 의미할까요?

대기업의 수는 많지 않은데 그곳에서 근무하는 사원 수는 많다는 것입니다. 이는 능력이 뛰어난 사원은 많으나 출세를 위한 자리는 적다는 것을 뜻합니다.

이것은 조금만 생각하면 금세 알 수 있습니다. 그런데도 많은 이들이 "그 한 줌도 안 되는 자리에 취임하는 것은 나다"라는 근거 없는 믿음으로 출세경쟁에 뛰어듭니다. 그리고 밤낮을 가리지 않고 회사에 몸을 바쳐 일합니다.

물론 출세경쟁에서 이기면 연봉도 오르고 스킬과 능력도 향상됩니다. 하지만 출세경쟁에서 지면 어떻게 될까요? 큰 회사 안에서 복잡하게 얽혀 있는 '그 외 다수'에서 벗어나지 못하게 됩니다.

정말로 자신을 연마하고 싶다면 큰 회사에서 노력하기보다는 작은 회사에서 노력하는 편이 훨씬 더 효율적입니다.

자신을 연마하려면 그를 위한 재료가 필요합니다. 부엌칼을 갈려면 숫돌이 필요하고 접시를 닦으려면 세제와 스펀지 수세미가 필요하듯이 말입니다. 하지만 큰 회사에서는 자신을 연마하기 위한 재료를 받을 기회가 많지 않습니다.

여기서 제가 말하는 "연마하기 위한 재료"란 리더가 되어 일을 할 수 있는 기회와 자리입니다.

저는 그런 자리에서 솔선하여 일해야 스킬과 능력을 연마할 수 있다고 생각합니다. 그 외 다수 중 한 명으로 보조만 맞추어서는 스킬과 능력을 효율적으로 연마할 수 없습니다. 큰 회사에서는 제한된 기회와 자리를 많은 경쟁자가 노리고 있습니다. 이는 깃발 하나를 쟁취하기 위해 몇백 명과 싸우는 꼴입니다.

작은 회사에서는 자신을 연마할 기회가 넘쳐난다

작은 회사는 인재가 적어서 자신을 연마하기 위한 재료를 쉽게 손에 넣을 수 있습니다. 그런 다음 그 재료를 잘 처리하면 확실히 성장할 수 있습니다.

만약 작은 회사에서 기회와 자리를 얻지 못한다면 그것을 얻기 위한 행동이나 발언을 하지 않았기 때문입니다.

"우리 회사는 경영진이 무능해서……."

"우리 회사는 시스템이고 나발이고 없어요."

이렇게 회사의 좋지 않은 점을 콕 집어내는 '평론가'처럼 굴고 있지 않은지요.

작은 회사에서는 열심히 나서서 일을 하면 반드시 자신을 연마할 수 있는 기회와 자리가 주어집니다.

여러분이 작은 회사에서 일하고 있다면 그런 상황에 있는 것을 '행운'이라고 생각하고 당장 자신을 연마하기 위한 행동에 나서기 바랍니다.

"지금 당장 출세하지 못한다면 어서 빨리 회사를 옮기자"고 말입니다.

동기와 후배에게 승진에서 밀리고도 "이제 조금만 있으면 나도 출세한다"고 생각하는 사람이 있지 않나요? 지금 이 시점에서 치고 나가지 않으면 자신을 연마할 기회와 자리는 영영 오지 않을 것입니다.

이렇게 승진이 늦은 사람은 큰 회사에서 성공을 기다리지 말고 작은 회사에서 기회와 자리를 얻어서 힘을 발휘할 것을 추천합니다.

리더가 되어야 능력을 기를 수 있다

법칙 04
성취감과 일하는 보람으로
일의 과정을 즐겨라

돈과 일하는 보람, 무엇이 더 중요할까?

일하면서 얻어지는 대가에는 여러 가지가 있겠지만, 대표적으로 물질적 보상과 정신적 만족감을 들 수 있습니다. 물질적 보상으로 현재의 연봉이나 월급, 그리고 일이 잘되었을 때 부가적으로 얻을 수 있는 각종 인센티브나 초과이익 공유금, 스톡옵션 등이 대표적입니다.

물질적 보상과는 별개로 일 자체를 하면서 만족하고, 새로운 일을 해내었다는 성취감과 자기 도전에 대한 목표 달성으로 얻어지는 보람은 정신적 만족감의 일부라고 할 수 있습니다.

여러분은 일하면서 물질적 보상과 성취감 중 무엇을 더 중시하나요?

만약 면접을 보는 상황에서 여러분에게 이런 질문을 면접관이 던진다면, 실제로 무엇을 더 중시하는가와 관계없이 백 명 중 아흔다섯 명 정도는 성취감이 훨씬 더 중요하다고 답할 겁니다.

물질적 보상이 더 중요하다고 말할 가능성이 있는 다섯 명은 솔직함이 최선이라고 생각하는 사람이든가, 혹은 물질적 보상이 더 중요한 이유에 대한 특이한 논리로 면접관들을 설득하고자 마음먹은 사람이겠죠.

어쨌거나 일반적으로는 대부분의 사람이 성취감이 중요하다고 답할 겁니다.

물론, 면접관들이 "성취감이 중요하다고 했으니 적은 월급을 주어도 상관없겠네요?"라고 묻는다면, 이야기는 좀 달라집니다. 대부분이 우물쭈물할 것이고, 호기롭게 "네, 적은 월급으로도 충분히 일할 수 있습니다."라고 말하는 순간 열정페이의 길로 스스로 들어서게 되기 때문에 조심해야 합니다.

돈이 너무 많고 풍족해 더는 돈을 벌 필요가 없는 사람이라면 상관없겠지만, 그렇지 않은 환경일 경우 직장에서 일하려는 목적 자체가 생활을 해결하기 위함이 크기 때문에 기본적으로 물질적 보상에 대해 무시하기는 힘듭니다.

하지만 거꾸로, 기본적인 물질적 보상이 채워진다면 나머지는 성취감과 보람을 위해 일을 하는 것이 좋습니다. 성취감을 위해 일을 한다면, 일하는 과정이 고통스럽거나 지겨운 대신, 행복해질 수 있습니다.

물질적 보상을 위해 일을 수단으로 삼는다면 일하는 과정에서 생기는 난관 하나하나가 모두 스트레스로 다가오게 됩니다. 반대로 일 자체가 목적이라면, 일하는 과정을 충분히 즐길 수 있기 때문에 일에서 생기는 난관이 극복해야 할 대상으로 여겨지게 되죠.

또한, 물질적 보상을 위해 일을 하는 것보다 성취감과 보람을 위해 일을 하다 보면 그에 따른 성공이 자연스레 뒤따라오게 됩니다.

그런데 일반적으로 큰 기업에서는 이미 만들어진 시스템에 맞추어 일해야 하는 경우가 대부분입니다. 본인이 아무리 획기적인 아이디어가 있다 하더라도 이미 기존 시스템에 맞추어 일하는 데에 익숙해진 선배나 상사가 아이디어를 받아들이기는 쉽지 않죠.

'미생'이라는 드라마를 예로 들어봅시다. 인턴 장그래가 파일을 분류하기 위해 본인이 만든 폴더트리는 기존에 사용하던 폴더트리의 분류방법보다 훨씬 논리적이고 효율적이지만, 그럼에도 불구하고 혼자 하는 일이 아니라는 이유로 오히려 꾸중을 듣습니다. 동료나 선배, 그리고 상사들은 비록 비효율적이라 할지라도 기존의 시스템에 익숙해져 있는 것입니다. 장그래가 마음대로 폴더트리의 분류 구조를 바꿀 수 있는 위치에 올랐을 즈음이라면, 아마 장그래 역시 기존 시스템에 익숙해져 있을 가능성이 높습니다.

개개인의 역량보다는 이미 주어진 시스템에 의해 약속된 일만 해야 하는 것이 대기업의 구조이죠. 이런 상황에서는 본인이 일에 대한 성취감을 가지기 어렵습니다.

반면에, 작은 기업에서는 시스템이 약하거나 없고, 또는 있다 할지라도 경직된 형태가 아닌 경우가 많습니다. 일의 중요도에 따라 기존 시스템을 모조리 무시하고 일을 하게 될 수도 있고, 새로운 아이디어나 효율적인 방안이 있다면 이를 회사의 새로운 시스템으로 채택하는 것도 드물지 않습니다.

때문에 개인이 할 수 있는 일의 범위가 훨씬 넓을 뿐만 아니라 일에 있어서 성취감을 얻기도 쉽습니다.

눈앞의 1억보다 장래의 1억을 택하라

물질적인 보상에 대한 이야기를 조금 더 다루어봅시다. 대기업에서 받는 연봉은 당장 작은 기업에서 받는 연봉보다 높을 겁니다. 대졸 초임이라고 생각해봅시다. 대략 연봉의 차이가 적게는 500만 원 ~ 2,000만 원 정도가 될 텐데요. 눈앞의 숫자만 본다면 물질적 보상의 기준에서는 작은 회사를 선택할 이유가 없어 보입니다. 하지만 정말 그럴까요?

최근, 대기업의 평균 근속 연수는 7년입니다. 15 ~ 20년 장기 근속자들이 근속 연수의 평균값을 끌어올리는 것을 생각해본다면 뜻밖에 많은 사람이 4 ~ 5년 정도의 근무 후 이직을 하게 되는 경우가 많다는 뜻이 됩니다.

이를 기반으로 대기업에서 근무함으로써 작은 회사에서보다 더 받게 되는 전체 연봉은 적게는 2,000만 원에서, 많게는 1억 정도 됩니다. 당장에는 커 보이는 금액이지만 사실 그 정도의 금액이 생활에 크게 영향을 미치지는 못합니다.

대신 이들은 그동안 대기업의 시스템에 맞추어 일하는 습관을 익히게 되죠. 다른 시스템에 맞추어야 하는 다른 곳에서는 제대로 성과를 내기가 힘들 수밖에 없습니다.

하지만 작은 회사에서 일하는 경우라면 당장에 얻을 수 있는 연봉보다 더 큰 것을 얻을 수 있습니다.

바로 다양한 경험과 난관 극복에서 얻어진 업무 능력입니다. 이런 것들이 차곡차곡 쌓이면 어느 회사에서건 높은 연봉을 받는 실력을 갖출 수 있습니다.

당장에 높은 연봉을 받지만, 회사를 퇴직하고 나면 그 정도의 연봉을 보장받기 힘든 큰 회사와 회사에 상관없이 좋은 대우를 받을 수 있도록 스스로 능력을 높이는 것 중, 어느 것이 더 좋을까요?

법칙 **05**
사장에게
직접 어필할 수 있다

작은 회사에서는 자신의 노력이 왜곡될 위험이 적다

작은 회사의 매력 중 하나는 사장과 자주 대면한다는 점입니다. 아마 유니클로와 같은 큰 회사에서 일하면 야나이 다다시 사장을 매일 볼 수는 없을 겁니다.

사장은 평소에 사원이 일하는 모습을 보지 않습니다. 그런데 어떻게 평가할까요? 대체로 큰 회사의 사장은 간부의 보고를 받아서 간접적으로 사원을 평가하고 작은 회사의 사장은 사원을 직접 평가합니다.

그러므로, 큰 회사에서 일하는 경우, 사장의 훌륭한 이념에 공감하여 거기에 충실히 따랐다고 해도 직속 상사가 사장의 이념에 공감하지 않거나 판단 기준이 다르다면 그 상사에게 좋은 평가를 받을 수 없습니다.

하지만, 작은 회사에서는 사장이 직접 사원을 지켜봅니다. 그래서 사장에게 좋은 인상을 주면 좋은 평가를 받고 그것이 인사에도 반영됩니다.

가령, 조례 등에서 대면하다 보면 자신을 알릴 기회가 몇 번이나 있습니다. 이때 좋은 인상을 주면 평가가 확 달라지는 거죠.

구체적으로는 예의 바르게 인사를 한다거나 씩씩하게 발표한다거나 이른 시간에 출근하는 등, 사장의 눈에 드는 행동을 하는 것입니다.

가령, 축구대표팀 경기에 나가려면 어떻게 해야 할까요.

소속 팀의 시합에서 좋은 결과를 내야 하는 것은 물론이고, 대표팀 감독의 눈에 들어야 합니다. 감독의 전술을 이해하고 따르는 착실한 연습태도와 플레이를 보이지 않는다면 감독의 눈에 들지 못할 테고 자연히 대표팀에 차출되기는 어렵겠지요.

작은 조직에서는 윗사람의 눈에 들어야 미래로 가는 길이 열리는 것입니다.

한편, 큰 회사라면 문제가 간단치 않습니다.

윗사람의 눈에 들려는 행동이 오히려 역효과를 낼 가능성이 높습니다. 큰 회사에서는 상사를 통해 간접적으로 보고되는데 만약 그 상사가 색안경을 끼고 나를 평가한다면 왜곡된 보고를 올릴 수도 있기 때문입니다.

상사도 인간입니다. 때론, 일을 잘하고 성과를 내는 부하직원을 순순히 인정하지 못하는 상사도 많아 우수한 부하직원일수록 왜곡된 평가를 받을 위험이 도사리고 있습니다.

결과적으로 "열심히 하는 데도 좋은 평가를 받지 못한다"는 구도가 만들어지는 것입니다.

그런 점에서, 작은 회사에서는 열심히 일해서 성과를 내면 사장이 직접 평가하므로, 자신의 노력이 왜곡되게 평가될 위험이 적다고 할 수 있습니다.

법칙 06
경영 마인드를 터득할 수 있다

경영 마인드가 있으면 회사를 설립하는 것도 꿈은 아니다

이름을 대면 알 만한 회사의 영업사원과 한 번도 들어본 적이 없는 작은 회사의 영업사원이 같은 상품을 판매한다면 어느 상품을 살까요? 아마 고객 대부분이 지명도가 있고 신용할 수 있는 회사의 상품을 고를 것입니다.

그래서 큰 회사의 사원은 회사의 이름에 기대어 일하는 경향이 큽니다. 또 예기치 못한 사고가 적어서 본인이 성장할 기회도 거의 없습니다.

저도 큰 회사에 있을 때는 이러한 사실을 알지 못했습니다. 확실히 작업수준이나 숙련도는 향상되었지만, 그것은 그 회사에서만 통용되는 능력이었습니다. 그럼에도 스스로 "능력이 있다"고 착각했습니다.

한편, 작은 회사는 회사의 이름이 통용되지 않으므로 자신의 힘으로 갑작스러운 사고를 해결해가며 성장할 수밖에 없습니다.

그래서 일에 성과를 올리기가 절대 쉽지는 않습니다. 하지만 하려는 의지만 확고하면 비즈니스 전반에 걸쳐 능력과 전문기술을 기를 수 있습니다.

그중에서도 내가 작은 회사에서 배우고, 독립하여 회사를 설립한 후에도 도움이 됐던 것이 경영 마인드입니다. 상품을 만들고, 영업을 하고, 수익을 만들어내고, 고객에게 감동을 주는 등의 경영 마인드는 비즈니스를 하는 데 큰 무기가 됩니다.

작은 회사는 사업규모가 작아서 경영 전체가 한눈에 보입니다.

그래서 일상 업무를 하면서도 전체를 볼 수도 있고, 사장 등 경영 간부와 매일 함께 일을 하기 때문에 경영 방식을 직접 피부로 느끼면서 배울 수 있습니다.

전문 스킬과 함께 경영 마인드를 갖추면 어느 회사에 가도 일정 수준의 성과를 낼 수 있거니와 귀한 대접을 받는 인재가 될 수 있습니다. 마음만 먹으면 회사를 설립하는 것도 꿈은 아닙니다.

3일 안에 새로운 직장으로 이직할 수 있는 능력을 기른다

당신은 지금 회사에서 당장 해고되어도 3일 안에 새로운 직장에 다닐 수 있는 능력이 있습니까?

제가 전 직장이던 음식 체인 회사를 그만둔 지 7년이 지났습니다. 그 사이 당시의 임원 후보였던 간부의 90%는 좌천되었습니다. 대부분은 40대 후반에 좌천되었으므로 현재는 벌이가 시원치 않고 하고 싶지 않은 일에 종사하는 것이 현실입니다.

가령 회사가 파산하거나 정리해고를 당한 경우, 다음에도 큰 회사에 전직할 수 있다는 보장은 없습니다.

반면 작은 회사에서는 마음만 먹으면 평생 먹고 살 수 있는 능력이나 스킬을 익힐 수 있습니다.

법칙 **07**
단기간에 매니지먼트 경험을 할 수 있다

비즈니스에서 필요한 것은 "사람을 움직이는 힘"

여러분은 현재, 부하직원이 몇 명입니까? 여러분은 몇 살에 처음으로 부하직원이 생겼습니까?

기업의 규모에 따라 다르겠지만, 적어도 서른까지는 한 부서나 팀을 맡아서 일을 해보는 것이 좋습니다. 만약 여러분이 서른 전후이고 부하직원이 없다면, 혹은 부하직원이 한두 명밖에 없다면 직장인으로서 불리한 처지에 있다고 해도 과언이 아닙니다.

왜냐하면 비즈니스에서 최종적으로 요구되는 스킬은 사람을 움직이는 것이기 때문입니다.

"비즈니스의 능력은 사람들 위에 섰을 때 길러지는 것"

이것은 내가 학창시절 아르바이트를 했을 때 점장이 해준 말입니다.

저는 규모가 큰 음식 체인점에서 이십 대부터 매니지먼트를 해왔는데, 부하직원이 생기면서 제가 빠르게 성장하는 것을 피부로 느꼈습니다.

사람을 움직이는 스킬은 단기간에 터득할 수 있는 것이 아닙니다.

큰 회사는 출세할 수 있는 경로가 다양할 것 같지만, 현실은 그렇지 않습니다. 기본적으로는 입사순이나 연령순으로 출세의 창구에 줄을 서 있는 것에 불과합니다. 물론 탁월한 능력이 있으면 다르겠지만, 대개는 얌전히 순서를 기다려야 합니다.

그 때문에 실제로는 능력이 뛰어나지만, 부하직원을 관리해보지 못해서 능력을 발휘하지 못하는 경우도 적지 않습니다.

'매니지먼트 능력'이 성공의 열쇠를 좌우한다

작은 회사는 늘 일손이 부족합니다. 그래서 3년쯤 일하면 대개는 싫어도 부하직원이 생깁니다(상사의 눈 밖에 나면 안 될지도 모르지만······).

매니지먼트 능력을 기르려면 실제로 부하직원에게 일을 시켜봐야 합니다.

솔직히 말해서 40~50대가 되어도 매니지먼트 스킬이 없으면 회사에서 출셋길이 막혔다고 봐야 합니다. 이 정도쯤 되면 회사를 설립하는 것도, 회사를 옮기는 것도 쉽지 않을 것입니다.

내 주변에는 40~50대에 회사를 그만두고 회사를 설립하는 사람이 많이 있는데, 개중에는 "더 이상 회사에 다녀봤자 앞이 보이지 않아서" 어쩔 수 없이 창업하는 사람도 있습니다.

진취적으로 문을 연 회사와 등 떠밀리듯이 세운 회사, 어느 쪽이 성공할지는 불 보듯 뻔합니다.

회사는 먹고 살기 위한 수단이 아닙니다. 먹고 사는 능력을 기르는 곳입니다. 앞으로 성공하고 싶다면 회사는 매니지먼트 능력을 기르는 곳이라고 생각하기 바랍니다.

법칙 08

툭하면
사고가 발생하기 때문에
문제해결 능력을 기를 수 있다

돌발사고는 '골칫덩이'가 아니다

"또 사고야?"

제가 일하던 작은 부동산회사에서는 이런 소리가 노상 들렸습니다. 여기저기서 사원이 발을 동동거리는 광경을 볼 수 있었습니다.

내가 막 입사했을 무렵입니다. 어느 사원과 동행하여 영업지역을 도는데, 그 사원이 이런 말을 하더군요.

"이야~, 죽겠어요. 쉬는 날에도 고객한테 전화가 오거든요. 심할 때는 하루에 50통이 오기도 하고······."

"왜 쉬는 날에 전화가 오는 거죠? 대신 담당해주는 사람이 없습니까?"

"지역 담당제라서 전화가 오면 무조건 영업담당자에게 전화를 돌려버리거든요. 작은 회사는 시스템이 없는 게 문제에요."

이 대화를 듣고 여러분은 어떤 생각이 들었습니까?

분명히 시스템이 정비되지 않아서 업무분담이 제대로 되지 않죠. 그것이 중소기업입니다.

"그래서 작은 회사는 싫어요."라고 느꼈나요?

그러면 관점을 바꿔서 생각해봅시다.

장래에 피가 되고 살이 될 능력이 생기는 곳은 큰 회사와 작은 회사 중 어디일까요?

큰 회사는 시스템이 정비되어 있으므로 기본적으로는 주어진 일을 해내면 문제가 없습니다. 또 트러블이 발생해도 문제해결의 노하우가 축적되어 매뉴얼화되어 있으므로 대응이 어렵지 않습니다.

하지만 작은 회사는 문제해결의 매뉴얼이 정비되어 있지 않아서 사원에 따라서 대응하는 방식도 다를 수밖에 없습니다. 따라서 스스로 생각하면서 문제해결에 나서야 합니다.

이런 환경은 나쁘기만 한 걸까요?

저는 "돈을 받으면서 문제해결능력을 기를 수 있는, 고마운 환경이다"라고 생각했습니다. 문제해결능력이 높으면 출세하기도 쉽고, 직장을 옮기거나 회사를 설립할 때도 도움이 됩니다.

작은 회사는 '개선 트레이닝'을 하는 곳
대게 작은 회사 중에는 제대로 된 시스템이 없는 곳이 많습니다. 그래서 매일 개선이 필요합니다.

물론 시스템을 정비하는 노력이 우선되어야 하겠지만, 개선을 하고 나면 회사에 좋은 평가를 받습니다.

개선의 여파는 큰 회사보다 작은 회사가 더 큽니다. 그리고 개선에 대한 성과가 나오면 경영간부의 눈에도 쉬이 들 수 있습니다.

일을 효율적으로 하기 위한 방법론을 'PDCA'라고 합니다.

Plan (계획) → Do (실행) → Check (점검·평가) → Act (개선)의 사이클을 돌게 되면 업무가 효율화되어 일의 생산성이 높아집니다.

어떤 스포츠 선수도 연습하지 않고 프로가 될 수 없습니다. 젊은 시절부터 하루도 빠짐없이 연습하고, 개선한 넉에 프로의 세계에서 성공할 수 있는 것입니다.

그리고 작은 회사는 PDCA 훈련을 할 수 있는 절호의 환경입니다.

예기치 못한 사고는 문제를 해결하고 개선하는 능력을 기를 수 있는 기회를 줍니다.

이렇게 생각한다면 돌발 사고에 직면하더라도 "이 회사는 안 돼", "상사는 내가 얼마나 힘든지 몰라"라고 불평하는 것이 아깝다고 생각될 것입니다.

  장벽을 피하지 말고 끊임없이 맞서세요. 그것이 성공의 비결입니다.

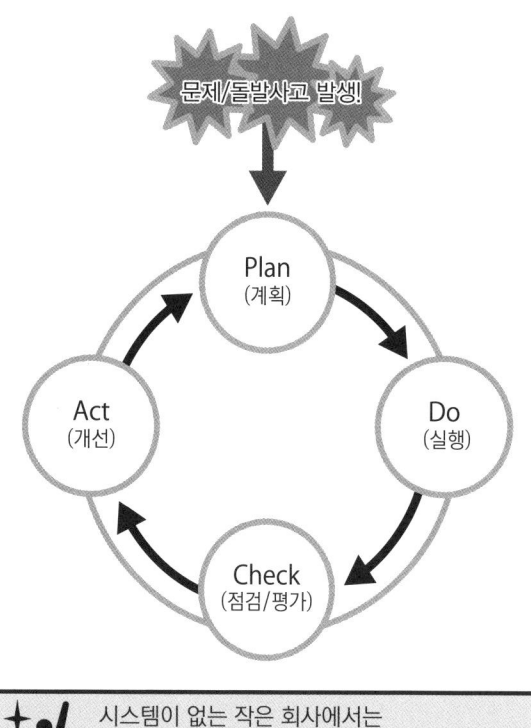

제2장
작은 회사에서 한발 앞서나가는 마음가짐

법칙 **09**
회사가 아니라
자신의 힘으로 승부하라

회사 이름을 빌리지 않고도 세일즈를 할 능력이 있는가?

큰 회사에서 영업이나 세일즈 관련 일을 해 보면 금세 깨닫게 되는 것 하나는 거래처와의 관계에서 회사의 이름 가치, 즉 네임밸류가 주는 이익이 상당하다는 점입니다.

영업이나 세일즈를 위해 잘 모르는 업체에 연락할 경우, 잘 알려지지 않은 회사보다는 잘 알려진 큰 회사의 이름을 통하는 것이 거래처로 하여금 훨씬 우호적인 반응을 끌어내기 쉽습니다.

이처럼 큰 회사에서 일하는 것이 작은 회사보다 훨씬 유리한 고지를 쉽게 점할 수 있다는 데에는 이견이 없을 겁니다.

하지만 이렇게 회사의 네임밸류를 통해 성과를 많이 올리는 것이 과연 좋기만 한 일일까요?

물론 그 회사에서 계속 근속하고, 회사의 네임밸류를 사용할 수 있다면 고민해야 하는 점은 별로 없을 겁니다. 그러나 평균 근속 연수를 생각해볼 때, 여러분은 그 회사가 아닌 다른 회사로 이직할 가능성이 적잖이 있습니다.

옮긴 회사가 마찬가지로 네임밸류가 좋은 회사라면 문제가 없겠지만, 여러분이 좋은 대우를 받고 이직했다면, 그 회사가 그리 좋은 네임밸류를 가지고 있을 확률은 낮습니다. 좋은 대우를 받는다는 것은 여러분의 능력이 그만큼 필요한 상황이고, 그렇다면 영업이나 세일즈의 상당 부분은 회사가 아닌 여러분의 능력과 인맥에 의존해야 하기 때문입니다.

그런데 회사의 네임밸류에 기대어 성과를 올리는 것에 익숙해지다 보면 네임밸류가 없는 상황에서 첫 접근부터 영업을 위한 단초까지 어떻게 진행해야 할지 배우기가 쉽지 않습니다.

여러분이 올린 성과들은 대부분 회사의 네임밸류를 통해 기본적인 우호 관계를 바탕으로 한 덕분이었을 테니까요. 이런 관계 대부분은 여러분의 배경인 회사가 버티고 있기 때문에 가능한 것으로, 여러분이 만약 이직 등을 통해 더는 그런 배경을 갖지 못할 경우에는 이어지기 힘든 관계가 대부분입니다.

여러분과 거래 회사와의 관계 사이에는 여러분의 회사가 걸쳐져 있기 때문입니다.

이와는 반대로, 회사의 네임밸류가 별로 없는 곳에서 일을 배운 다고 생각해봅시다. 이때에는 여러분이 기본적인 우호 관계를 쌓 아가는 과정부터 영업을 위한 단초까지 모두 직접 해결해야 합니다.

배우는 과정도 힘들고 초기에 성과가 잘 나기 힘든 것도 있겠 죠. 하지만 일단 이런 과정을 통해 관계를 구축하고 나면 이후로는 해당 업체와 여러분이 긴밀하게 연결됩니다.

회사의 네임밸류가 낮다는 것은 여러분이 구축한 업무 관계망 속에서 여러분의 회사가 차지하는 비중이 적다는 것을 의미합니 다. 즉, 회사의 지원 없이 이루어낸 업무 관계는 순전히 여러분의 것이 되는 겁니다. 또한, 아무것도 없는 상태에서 관계를 구축해 나가는 방법도 여러분은 터득해 나갈 수 있습니다. 어느 회사 어느 곳에서든 여러분은 성과를 이어 나갈 수 있습니다.

회사 이름이 아닌 자신의 힘으로 승부한다

저의 지인 중에는 이런 분이 계십니다. 그 분이 회사에 다닐 무렵, 공공기관과의 B2B 업무 관계를 구축한 적이 있습니다. 회사의 B2B에 관한 실적이 전혀 없는 상태였으므로 업무 관계를 구축하 는 과정이 쉽지는 않았습니다. 제대로 할 수 있을지에 대한 걱정과 의심의 눈초리도 받아야 했기에, 지금의 회사가 어떻고, 왜 이 일 을 잘할 수 있는지 일일이 설명하고 설득해야 했습니다.

하지만 시간과 노력을 통해 관계를 공고히 구축한 결과, 결국

서로 상당히 신뢰하는 비즈니스 파트너 관계를 이룰 수 있었습니다. 거래처와 그 분 사이에 회사는 크게 의미가 없었던 모양입니다. 이후 그 분이 이직했을 때, 거래처에서는 기존 업무망을 그 분이 이직한 새로운 회사에서 이관받아 진행하기를 원했으니까요.

이처럼, 업무를 진행할 때 회사의 힘에 기대어 승부한다는 생각을 버리고 자신의 힘으로 승부하는 것이 중요합니다.

당장은 회사의 힘에 기대어 승부하는 것이 편하고, 더 좋아 보이겠지만 이런 일이 거듭될수록 회사에 점점 더 의존하게 되므로 정작 스스로 힘으로 승부를 내어야 할 때에는 약한 사람이 되어버리기에 십상입니다.

자신의 힘으로 승부하면서 사람의 마음을 설득하고 노력하는 기술을 익히고, 이를 통해 이루어낸 성과를 오로지 자신의 것으로 만들어 나가는 것이 중요합니다.

호가호위(狐假虎威)라는 말이 있습니다. 호랑이의 힘에 기대어 여우가 권세를 부린다는 뜻인데, 호랑이의 힘을 잃으면 스스로는 약해질 수밖에 없는 여우보다는 스스로 힘을 가지고 있는 호랑이가 되는 것이 어떨까요?

회사의 이름에 의지하지 말고 자신의 이름으로 승부한다

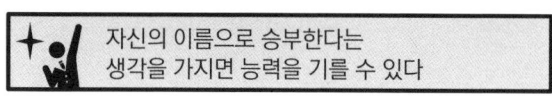
자신의 이름으로 승부한다는 생각을 가지면 능력을 기를 수 있다

법칙 **10**
오르기 편한
계단으로 올라가라

작은 회사에서는 성공으로 가는 계단이 짧다

작은 회사에서 일하는 사람 중에는 왜 성공하지 못하는 경우가 많을까요?

그 이유 중 하나는 중도에 포기하기 때문입니다. 성공하는 것을 계단 오르기에 비유하자면 성공의 보물 상자가 열 번째 계단에 있는데 여덟아홉 번째 계단에서 발길을 돌려버린다고 할까요?

작은 회사의 경우, 장래가 불안정하여 대개는 "이렇게 하면 성공한다."라는 코스가 명확하지 않습니다. 즉, 계단이 어디까지 이어져 있는지 알 수가 없고, 자신이 어떤 위치에 있는지도 확실치 않습니다.

그래서 많은 사람이 이런 불안을 느끼게 됩니다.
"정말로 이런 일을 하는 게 의미가 있을까?"
"역시 나에게는 무리가 아닐까?"
"회사를 잘못 왔다. 전직하는 편이 낫지 않을까"
 애써 힘들게 여덟 번째, 아홉 번째까지 올라가 놓고 이런저런 불안으로 성공의 문턱에서 발길을 돌리는 사람이 적지 않습니다. 하지만 작은 회사의 계단은 상상 이상으로 짧고 단기간에 올라갈 수 있다는 것을 알아두십시오.

작은 회사에서는 성공으로 가는 계단을 스스로 만들 수 있다

한편, 큰 회사는 비교적 회사가 안정되어 출세나 성공으로 가는 과정이 명확합니다. 그래서 계단을 오르는 도중에 발길을 돌리거나 멈춰 서는 사람이 별로 없습니다.
 단, 계단 수가 많고 올라가는 사람도 많아서 자신의 의사와 상관없이 도중에 계단에서 떨어지는 경우도 흔합니다.
 한번 계단에서 떨어지면 다시 계단에 오르기까지 한참을 기다려야 합니다.
 하지만 작은 회사는 실패해도 "죄송합니다."라고 사과만 하면 더는 책임을 묻지 않습니다. 그래서 열 번째 계단을 목표로 해서 다시 첫 번째 계단부터 오를 수 있습니다.
 여러분은 큰 회사의 계단을 모두 오를 자신이 있습니까?

쉽게 오를 수 있는 계단을 골라야 인생도 일도 즐거워지고 성장의 속도도 빨라집니다.

또 작은 회사는 스스로 계단을 만드는 것도 가능합니다. 미래로 이어지는 계단이 보이지 않으면 스스로 계단을 만들어도 되는 것입니다. 예를 들어, 신규 프로젝트를 시작하거나 새로운 판로를 개척하면서 말이죠. 그런 경험을 통해 직장인으로서 빠르게 성장할 수 있습니다.

법칙 11

퍼포먼스로
승부하라

작은 회사에서는 작은 노력도 좋은 평가를 받을 수 있다

작은 회사에서는 적극적으로 일하면 바로 경영간부의 눈에 들게 됩니다.

예를 들어, 솔선해서 의견을 내거나 늘 활기차고 기분 좋게 인사를 하는 사원이 있으면 "아, 열심히 일하는구나"라는 평가를 받을 수 있습니다.

제 경우를 말해볼까요? 5,000명의 사원이 있던 큰 회사에서는 눈에 띄는 성과를 내도 점장이 되는 것이 한계였습니다. 그 이상의 지위에 오르기 쉽지 않았습니다. 하지만 작은 회사로 옮긴 후에는 3개월 만에 신규사업의 리더가 되었고 2년 반~3년 사이에 과장을 거쳐 다른 회사의 임원으로 발탁되었습니다.

평소 일하는 양이나 자세는 큰 회사에 있을 때와 같지만 작은 회사에서는 작은 행동 하나도 평가해주었으므로 더 적극적으로 일할 수 있었습니다.

그래서 작은 회사에서 일하던 동료 사원이 회사가 이렇다, 저렇다 불만을 터뜨려도 저는 왜 그게 불만인지 잘 이해하지 못했습니다.

작은 회사에서만 일한 경험이 있는 사람은 그 메리트를 실감하기 어려울 겁니다. 하지만 작은 회사에서는 노력이 평가와 출세에 직결된다는 것을 인식해야 합니다.

큰 회사는 회사에 따라 다르겠지만 아무리 열심히 일해도 10년은 족히 다녀야 계장이 되는 것이 보통입니다.

하지만 작은 회사는 평소 어떻게 일하느냐에 따라서 수년 만에 계장 등 관리직에 오를 수도 있습니다.

작은 회사에서는 매니지먼트보다 '퍼포먼스'가 중요하다

큰 회사는 조직과 비즈니스를 시스템상에서 운영하기 때문에 다른 사원과 차별을 두기가 힘듭니다. 가령 차이를 드러내려고 해도 그것을 보고 있는지 알 수 없어서 노력이 허사로 끝나는 경우도 적지 않습니다.

조금 전문적인 이야기를 하자면 리더십론 중에 'PM이론'이라는 것이 있습니다. 집단기능이라는 관점에서 리더십을 유형화한 사회심리학자 미스미 쥬지(三隅二不二)가 제창한 이론입니다.

P는 퍼포먼스(performance, 성과, 개성, 표현, 연기, 행동, 능력 등), M은 매니지먼트(management)를 뜻하며 리더에게는 이 두 가지 덕목이 필요하다고 합니다.

큰 회사에서는 사원에게 P와 M의 균형을 요구합니다.

한편, 작은 회사에서는 P를 더 중요시하는 경향이 있습니다.

작은 회사에는 매니지먼트만 하면 되는 자리가 많지 않으니까요. 작은 회사는 기본적으로 성과를 요구합니다(결과 외에 행동을 평가하는 곳도 많습니다만).

성과를 내고, 긍정적인 행동이나 발언 등 퍼포먼스에 중점을 둔 행동을 하면 간부가 될 가능성이 높습니다.

작은 회사에서는 개성을 전면에 내세우고 행동해야 좋은 평가를 받습니다. 물론 지나치게 눈에 띄면 선배나 동료에게 질시를 받거나 발목을 잡힐 수 있으니 어느 정도 주의가 필요합니다.

그래도 퍼포먼스를 중시하면서 적극적으로 행동하면 반드시 경영간부에게 좋은 평가를 받게 될 것입니다.

매니지먼트도 중요하지만, 우선은 퍼포먼스 능력을 기르는 것이 성공 가도를 달리는 비결이라고 할 수 있습니다.

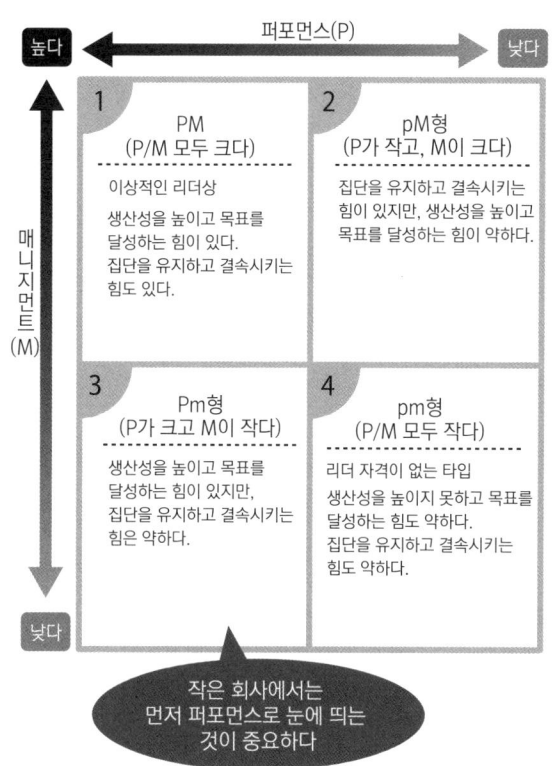

법칙 12
비난이나 비판을 받으면 시험받고 있다고 생각하라

작은 회사에서는 자신의 성장을 실감하면서 일을 할 수 있다

저는 규모가 큰 음식 체인 회사를 그만두고 나서, 저를 필요로 하는 도심의 작은 부동산 회사에 들어갔습니다.

입사 당시 저는 부동산 매매에 관한 지식이 거의 없었습니다. 처음에는 못하는 것, 모르는 것 투성이었습니다.

하루라도 빨리 제 몫을 하기 위해 다른 사원을 쫓아다니며 부동산매매 거래에 대한 지식과 부동산투자의 구조, 컨설턴트 방법 등을 적극적으로 배웠습니다.

그에 반해 큰 회사에 있을 때는 "본래 가진 능력으로 성과를 냈다"고 보는 편이 옳을 것입니다.

물론 새로 배우는 것도 있었지만, 회사로부터 받은 매뉴얼이나 스킬을 수동적으로 익힌 것에 불과했습니다.

하지만 작은 회사에서는 모르는 것이 있으면 적극적으로 습득하고, 그것을 발휘할 수 있는 환경이 마련되어 있습니다. 그보다 그렇게 하지 않으면 성과를 내지 못하는 사정도 있었지만……

작은 회사에서 일하면서 저는 깨달았습니다.

하지 못했던 일을 할 수 있게 되고, 그것을 활용해서 성과를 내는 것이 제일 가슴 뛰는 일이라는 것을. 그리고 그 결과 자신의 성장을 실감할 수 있다는 것도 말입니다.

이것은 제가 일을 하는 데 있어서 '중심축'이 되는 가치관이 되었습니다.

질시나 비판은 긍정적인 시련이다

일에 재미를 느낀 저는 자기계발의 대상을 더욱 넓혔습니다.

부동산에 관한 것만이 아니라 사고법과 화술, 프레젠테이션 기술, 정신단련법 등을 배우려고 휴일을 이용해 다양한 연수와 세미나에 참가하게 되었습니다.

거기서 배운 것들은 회사의 업무에 도움이 되었고 시간이 지나자 성과로 나타났습니다.

하지만 좋은 일만 있는 것은 아니었습니다.

당시에 저는 사내에서 눈에 띄는 존재였습니다. 저처럼 적극적으로 자신에게 투자하는 사원이 없었기 때문입니다.

때로는 선배에게 "멋대로 행동하지 마", "일 좀 벌이지 마", "그런 거 해봤자 소용없어"라는 질투와 비판의 세례를 받기도 했습니다.

그때 저는 "나는 지금 그 어떤 때보다 즐거워. 그런데 누가 뭐란다고 그만두면 내 중심축은 무너질 거야. 여기서 무너지면 평생 남의 눈치나 보며 살아야 해"라고 생각했습니다.

그리고 이렇게 생각하기로 했습니다.

"나는 시험받고 있다"

결국, 저는 주변의 의견에 휘둘리지 않고 자신에 대한 투자를 계속했습니다. 그 결과, 꾸준히 성과가 나왔고 그것이 경영간부에게 좋은 평가를 받았습니다. 그러자 주변의 잡음도 차츰 사라졌습니다.

작은 회사에서는 눈에 띄게 행동하면 질시나 비판의 대상이 되기도 합니다. 하지만 자신이 옳다고 생각한다면 자기 생각을 끝까지 관절하세요. 질시나 비판은 하나의 '시련'일 뿐입니다. 그것을 극복하면 저만치에 성과가 기다리고 있습니다.

여러분이 일하는 것을 보고 주변에서 질시나 비판이 일고 있나요? 만약 그렇지 않다면 상사의 눈에 들기 위한 여러분의 노력이 아직은 부족한지도 모릅니다.

법칙 **13**

작은 회사는
뚜껑이 없는 상자라고
생각하라

점프하는 것을 잊어버린 벼룩이 되어서는 안 된다

제가 작은 부동산 회사에 입사하고 얼마 안 되었을 때, 어느 세미나에서 이런 얘기를 들었습니다.

벼룩은 굉장히 작은 생물이지만 본래 놀라운 점프력을 갖고 있어서 2m가 넘는 높이를 뛸 수 있다고 합니다. 벼룩의 크기를 생각하면 엄청난 능력입니다.

그래서 벼룩을 상자에 넣어두면 점프해서 간단히 상자를 뛰어넘게 됩니다.

하지만 그 상자에 뚜껑을 닫으면 당연히 벼룩은 뚜껑에 부딪힙니다. 처음에는 뚜껑에 닿아서 몇 번이나 부딪히지만 머지않아 뚜껑에 부딪히는 것에 공포를 느끼고 뚜껑에 닿기 직전까지만 점프하게 됩니다.

그러면 벼룩은 뚜껑을 없애도 뚜껑보다 높이 뛸까 봐 뚜껑 높이까지만 점프하게 된다고 합니다.

이 이야기를 들었을 때, 저는 "큰 회사에서 일하던 나와 상자에 들어가 있던 벼룩은 같은 신세였구나!" 하고 충격을 받았던 것을 지금까지도 선명하게 기억합니다.

저는 작은 회사로 옮길 때까지 10년간, 상사의 지시를 정확하게 실행할 것을 요구받고 그 기대에 부응하기 위해 열심히 일했습니다.

사실은 스스로 생각한 아이디어를 행동에 옮기거나 가슴이 뛰는 일을 하고 싶었지만, 일상 업무에 쫓기다 보니 그런 기분조차도 잊어버렸습니다.

큰 회사에서 일하는 동안 어느새 "일은 작업"이라고 생각하게 된 것입니다.

누군가에게 제한을 받은 것도 아니건만 멋대로 일정한 틀에 얽매여 스스로의 생각과 행동을 억눌러왔습니다. 큰 회사에서 일하던 저는 그야말로 2m가 넘는 엄청난 점프력을 가졌다는 사실을 잊어버린 벼룩과 같았습니다.

작은 회사에는 사고를 제한하는 뚜껑이 없다

한편, 이직한 작은 회사는 '뚜껑이 없는 상자'였습니다. 큰 회사에 비해 할 수 있는 일의 규모는 줄었지만, 마음껏 자유로운 발상을 할 수 있었습니다. 오히려 큰 회사에서는 나올 것 같지 않은 혁신적인 아이디어가 작은 회사의 강점이라는 걸 알게 되었습니다.

작은 회사에는 상자 뚜껑이 없다는 것을 알게 된 저는 자유로운 사고를 하게 되었고, 성과도 낼 수 있었습니다.

자신의 가능성을 좁혀서는 안 됩니다. 작은 회사에서 일하는 여러분에게는 큰 회사에서는 할 수 없는 일을 실현할 기회가 있습니다.

작은 회사는 사고가 제한되지 않는다

큰 회사

제한이 많아서 사고와 행동의 폭이 좁아진다

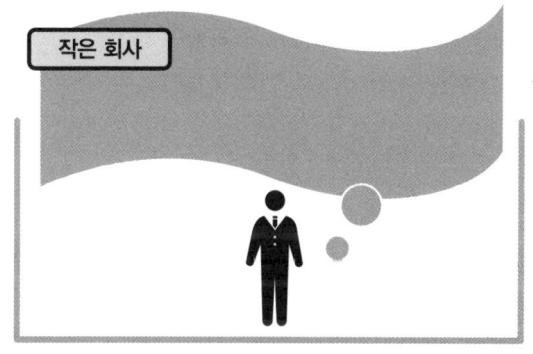

작은 회사

사고와 행동이 제한되지 않아서 자유로운 발상과 적극적인 행동을 할 수 있다

제3장
작은 회사에서 성장하는 행동 법칙

법칙 **14**
휴식은 두 종류로 나눠라

휴일을 어떻게 보내고 있는가

큰 회사는 사회적 영향력이 크기 때문에, 사회보험청이나 노동기준감독으로부터 엄격한 관리를 받습니다. 따라서 노동환경이 표준화되어 있습니다.

또 최근에는 초과 근무를 방지하기 위한 장치를 마련하여 시간외 근무를 줄이려는 시도도 엿보입니다.

반면에 작은 회사는 노동환경이 정비되지 않은 곳이 많고 개중에는 타임카드를 찍지 않고 휴일에 출근하는 사원도 많다고 들었습니다.

작은 회사의 경우, 업무가 시스템화되어 있지 않으므로 효율이 나빠서 휴일 출근을 하지 않으면 업무가 지연되기 십상입니다.

하지만 일하는 입장에서 휴일 출근으로 심신을 쉬지 못하면 건강에 악영향을 받게 됩니다. 또 자기투자를 위한 시간이 없는 것도 문제입니다.

저도 작은 회사에서 일할 때는 휴일 출근을 당연하게 생각했습니다.

건강 면에서는 특별한 문제가 없었습니다. 하지만 장래 회사를 설립하는 데 필요한 자기 투자나 자기계발에 들일 시간이 없다는 것에 위기감을 느꼈습니다.

휴일의 일부는 자기투자에 쓴다

그래서 저는 평일 근무를 계획적으로 하기로 정하고 휴일을 두 종류로 나눴습니다.

하나는 완전한 오프. 말 그대로 일을 하지 않는 시간입니다.

또 하나는 자기투자를 위한 시간입니다.

한 달에 8일 쉰다면 이틀간은 완전한 휴식, 나흘은 자기투자를 위한 휴식으로 했습니다.

남은 이틀은 출근하거나 집에서 일하는 날로 정했습니다. 안 그러면 일이 밀렸기 때문입니다.

자기투자를 하는 4일간, 주택건물거래주임자 자격, 부동산매매 지식, 퍼실리테이션, 정신수련, 다양한 스터디에 참가하는 시간을 가졌습니다.

1년으로 환산하면 "4일간×하루 8시간×12개월=384시간"의 투자를 할 수 있었습니다.

제 경우는 자기계발에 투자한 시간이 많은 편이라고 생각합니다. 하지만 작은 회사에서 성공하려면 자신에게 투자하는 시간이 반드시 필요합니다.

앞으로 어떻게 되고 싶은가를 정하세요. 그리고 거기에 필요한 투자시간을 확보하는 것이 중요합니다.

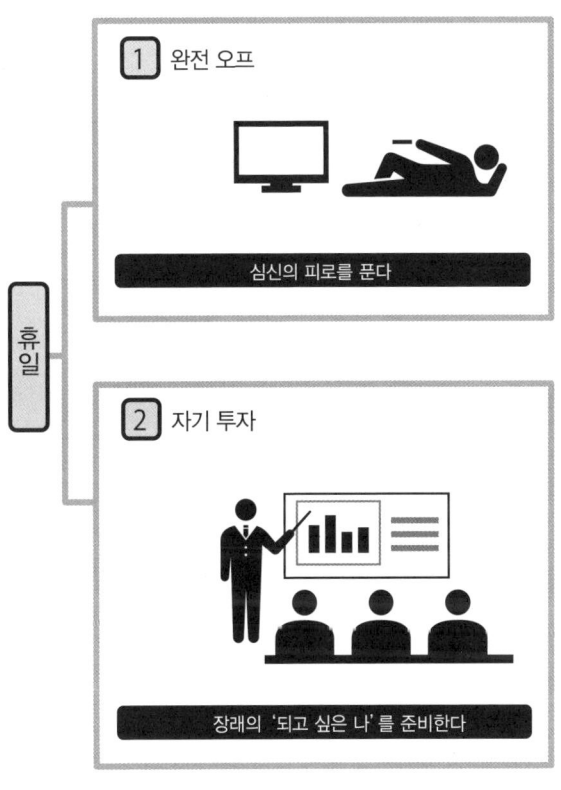

법칙 15
일은 하는 것이 중요하다

'일을 잘하는 것'보다 '하는 것'이 중요하다

여러분이 직장에서 일을 부탁받았다고 해 봅시다. 부탁받은 일이 통상적인 여러분의 업무 범위를 벗어난, 조금은 다른 일이고 여러분은 아직 해 본 적이 없는 일이라면 해보겠다고 하고 나서야 할까요, 아니면 "해 본 적이 없는 일이라서, 저는 못할 거 같은데요." 하고 거절해야 할까요?

정답은 어느 정도 규모의 직장인가에 따라 다릅니다. 큰 규모의 직장이라면 보통 인재가 많습니다.

따라서 부탁받은 그 일을 해 본 경험이 있는 사람들도 여럿 있을 수 있고, 잘해낼 가능성도 큽니다. 이때에는 일을 처리한 결과가 일에 대한 판단 기준이 되므로 "잘하는 것"이 중요합니다.

단순히 의욕에만 불타올라 "제가 해 보겠습니다!" 하고 나섰다가 결과가 좋지 않으면 오히려 마이너스 요소로 작용하기도 하죠.

하지만 작은 규모의 직장이라면 상대적으로 인재가 적습니다. 여러분이 일하다가 제대로 하지 못했다 하더라도, 비교당하거나 못했다고 평가받는 정도가 그만큼 낮아진다는 뜻입니다.

또한, 인재가 적다는 것은 그만큼 일손이 부족하다는 이야기가 되기도 합니다. 회사는 항상 주어진 일만 처리할 수 있는 곳이 아니며, 상황에 따라 예기치 않은 다양한 일들이 발생할 가능성이 있습니다. 그렇다면, 이때에는 할 줄은 모르지만, 제가 한번 해 보아도 될까요? 하고 호기롭게 나서보는 것도 중요합니다.

여러분은 그 일을 해본 적이 없는 사람이므로 일을 하면서 경험을 쌓을 수 있습니다. 이와 함께, 제대로 하지 못했거나 실패했더라도 책임을 피할 수 있는 근거가 됩니다. 물론, 여러분이 성공적으로 수행했다면 그 결과는 말할 것도 없습니다. 어느 쪽이나 여러분에게 해가 되지 않으므로 열심히 해 보는 것이 좋습니다.

일을 하려면 투덜대지 말고 하라

정말 원치 않았는데도 어쩔 수 없이 일을 떠맡아 하게 되는 경우가 있습니다. 일을 할 수 있는 사람이 본인밖에 없는 경우든가, 혹은 누군가 해야 하는데 그 일이 자신에게 떨어진 경우, 그다지 하고 싶지 않더라도 어쩔 수 없이 일해야 합니다.

이때, 대부분의 사람은 투덜대거나 짜증을 내며 일을 받아들이는 경향이 있는데, 이는 아주 잘못된 것입니다. 투덜대거나 짜증을 내어서 일하지 않아도 되는 경우라면 모르겠지만, 그렇지 않은 경우 어차피 해야 할 일인데 짜증을 내어서 좋은 것은 없습니다.

오히려 일을 맡긴 사람을 불편하게 만들고, 저 사람은 일을 맡기면 짜증을 쉬이 내는 사람이라고 주변에 인식되어 버립니다.

그렇게 한번 평가받고 나면 그 뒤로 일을 잘 맡기지 않을 테니 편해서 좋지 않으냐고요? 절대 그렇지 않습니다. 어쩔 수 없이 계속 부탁해야 하는 일들이 필연적으로 생길 수밖에 없거든요.

어차피 계속 해야 할 일이라면 기분 좋게 받아들이고 처리하는 자세가 필요합니다.

그리고 여러 가지 일을 해 가는 과정에서 쌓이는 노하우는 여러분을 다양한 방면에서 일할 수 있는 멀티 플레이어로 만들어 줄 수 있습니다.

여러분이 일하던 부서의 업무가 사업 구조상 사라진다고 해도, 여러분은 다른 일을 금세 할 수 있는 인재가 되어 있으므로 보직을 변경하여 다른 업무를 진행할 수 있는 것이죠.

또한, 기분 좋게 일을 받아 처리하는 사람은 주변에서도 함께 일하기 편한 사람이라는 인식을 심어줍니다. 핵심적인 프로젝트나 큰 업무를 하게 될 때, 그런 인식은 아주 중요한 역할을 해서 여러분을 중요한 자리에서 일할 수 있도록 도와줄 겁니다.

작은 회사일수록 동료들의 평가가 임원진에게 금세 전달되는 경향이 있기 때문에 주변 동료들에게 여러분을 능력 있고, 기분 좋게 일을 잘하는 사람이라고 인식하게 만드는 것이 중요합니다.

법칙 **16**

회사 내의
온도 차를 느껴라

너무 회사에만 있지 않은가

같은 회사에 오래 있으면 그 조직 내의 기준과 룰이 상식이 됩니다.

또 어울리는 사람의 수준도 비슷해집니다. "친구 따라 강남 간다"라는 말이 있는데, 높은 뜻을 지닌 사람에게는 높은 뜻을 지닌 사람이 모이고, 그 반대도 마찬가지입니다.

늘 같은 회사에서 일하면 "따뜻한 물" 안에 있는 것처럼 느껴져서 몸은 편할지 모릅니다.

하지만 따뜻한 물에만 있으면 어느새 몸이 익을 수도 있습니다.

그래서 저는 회사에만 붙어 있지 않고 회사 밖으로 나오려고 늘 애를 썼습니다.

저는 작은 회사로 전직하기 전부터 회사를 설립하고 싶다는 바람이 있었습니다.

"내 꿈은 반드시 세상에 인정받을 거야"

지금 생각하면 부끄러울 정도로 근거 없는 자신감을 갖고 있었던 것 같습니다. 당시에는 바로 회사를 설립할 용기가 없어서 일단 이직을 하기로 했습니다.

그리고 옮긴 회사에서도 끊임없이 "반드시 회사를 세우리라"고 다짐했습니다.

그래서 저는 주택건물거래주임자와 FP(Financial Planner) 등의 자격을 따기 위해 학원에 다니고 비즈니스 이론을 배우고자 대학원에 진학하고 비즈니스 스킬을 습득하기 위해 다양한 세미나와 연수에도 참가했습니다.

이렇게 스스로를 연마하기 시작하자 차츰 회사 사람들과 "온도차"를 느끼게 되었습니다.

구체적으로 말하면 일에 대한 대응방식이나 동기부여, 시간관리 방법이나 자기계발에 대한 의식 등, 다양한 면에서 엇갈리기 시작했습니다.

또 동료와 일상적으로 대화를 나눠도 어쩐지 잘 맞지 않는 느낌이 들었습니다.

물론 어느 쪽이 옳고 어느 쪽이 그르냐는 문제는 아니었습니다. 어쨌든 저는 직장의 인간관계에서 위화감을 느끼게 된 것입니다.

　동료들도 비슷한 느낌을 받은 듯, "모리가 변했다" "왠지 분위기가 달라졌다"는 소리가 들려왔습니다.

'온도 차'는 성장했다는 증거이다

그렇다고 주변에 맞출 생각은 없었습니다.

　가고 싶은 길을 간다는 생각이 점점 더 확고해졌으므로 그 길에서 벗어나는 것은 상상할 수 없었습니다.

　저는 이렇게 생각하기로 했습니다.

　"주변 사람과 '온도 차'를 느낀다는 건 내가 성장했다는 증거다"

　다른 사람과는 보는 경치가 달라졌으니 맞지 않는 것도 당연하다고 생각하기로 했습니다.

　결과적으로 저는 작은 부동산 회사에서 성과를 내고 후에 회사를 설립하는 꿈도 실현했습니다. 저는 제 행동이 틀리지 않았다고 생각합니다.

　제 경험에 비추어 말하자면 회사 밖으로 나와서 다양한 생각을 가진 사람, 높은 뜻을 품고 일하는 사람, 비슷한 꿈을 갖고 일하는 사람과 만나면서 저는 회사 사람들과의 '온도 차'를 느낄 수 있었습니다.

　만약 회사에서만 있었다면 "온도 차"를 느끼지 못했을 것이고, 성장하지도 못했을 것입니다.

법칙 17

맨손으로
이동하지 마라

이동 시간에 일을 처리한다

저는 지금까지 10년이 넘게, 맨손으로 이동한 적이 없습니다. 친구와 밥을 먹으러 갈 때도 은행에 갈 때도, 책이나 일과 관련된 자료를 들고 다녔습니다.

만일, 맨손으로 밖에 나와서, 10~30분의 빈 시간이 생기면 어떻게 할까요?

담배를 피우거나, 스마트폰으로 인터넷서핑을 하거나, 카페에서 창밖의 풍경을 보겠죠. 의미 있는 시간은 보내지 못합니다.

작은 회사에서 노력하면 노력을 하지 않은 사원과 바로 차이가 납니다.

작은 노력이 쌓인 힘을 우습게 보면 안 됩니다. 예컨대, 그날 조례에서 지시나 연락받은 것을 메모하고 이동 중의 빈 시간에 그걸 보거나 처리하면 그 시점부터 차이가 납니다.

제 경우, 이동시간에는 업무 관련 자료를 훑어보곤 했습니다.

회사원 시절에는 날마다 부하직원에게 간단히 종이에 정리된 보연상(보고·연락·상담)을 받았는데, 아침에 제일 먼저 확인하는 것이 일과였습니다.

하지만 아침에는 돌발사고가 잦아서 봐야 할 메모와 자료를 확인하지 못할 때도 있습니다. 그럴 때는 이동하거나 밥 먹는 시간에 확인하고 처리했습니다(단, 기밀정보 등 회사 밖으로 누설해서는 안 되는 회사 자료도 있으므로 주의가 필요합니다).

틈새 시간이 쌓이면 큰 시간이 된다

틈새 시간은 하루에도 여러 번 생깁니다. 한 번에 10분이라도 열 번이면 100분. 한 달로 계산하면 3,000분, 즉 50시간이나 됩니다.

반년이 지나면 300시간에 이르죠. 이것은 주택건물거래주임사 자격 공부기준 시간과 같습니다.

즉, 틈새 시간을 잘 활용하면 자격증도 딸 수 있습니다.

물론 컴퓨터나 서류, 책을 갖고 나가도 한 글자도 못 볼 때도 있습니다. 하지만 빈 시간에 손안에 아무것도 없으면, 그에 따른 시간적 손실이 더 크다는 것을 인식해야 합니다.

법칙 18

준비한 자료는
쓰지 않은 것이 최선

'만에 하나'라는 대비책에 민감해져라

일을 하는 데 있어서 준비가 중요하다는 것은 말할 것도 없습니다. 하지만 가장 이상적인 것은 준비한 것을 쓰지 않고 일을 해내는 것입니다.

제가 작은 부동산회사로 전직하고 얼마 안 되었을 때입니다.

상사가 몇 개의 자료를 만들어두라고 지시를 했습니다. 저는 지시대로 자료를 만들어서 그 상사와 함께 영업에 나섰습니다.

그런데 아무리 기다려도 제가 열심히 만든 자료를 꺼낼 순간은 오지 않았습니다. 상사가 자료를 쓰지 않고 일을 따냈기 때문입니다. 당시 제가 "그럴 거면 자료 같은 건 만들지 않아도 좋았잖아"

라고 불만을 느낀 것을 기억합니다.

준비를 해서 성공할 확률이 높은 것이다

하지만 제가 회사의 간부가 되어, 부하직원이 생기자 그 당시 상사가 왜 그랬는지 이해가 되었습니다.

제가 만든 자료는 어디까지나 상담을 원활하게 하는 보충자료에 불과했던 것입니다. 상사는 온갖 상담의 패턴을 상정하고 '만일'에 대비해서 저에게 자료를 준비하라고 시킨 것이죠.

상대에게 '예스'라는 대답을 끌어내기 위해 모든 각도에서 준비해둡니다. 그렇게 함으로써 상담이 성사될 가능성이 높아지는 거죠.

물론 상담의 진행 상황에 따라서는 준비한 자료가 쓰이게 될 가능성도 있습니다. 하지만 자료를 쓰지 않고 상담이 성사되면 그보다 좋은 게 없습니다. '만일'이 일어나지 않은 거니까요.

10개를 준비해서 1개도 쓰지 않고 상대에게 '예스'라는 대답을 끌어내는 것이 상담의 진수라 할 수 있겠지요.

자료를 준비해놓으면 좋은 점이 또 있습니다.

자료를 작성하다(시키다) 보면 핵심을 파악할 수 있을 뿐 아니라, 지식이 깊어지고 그 내용이 머릿속에 각인됩니다.

자료를 작성하는 것은 비즈니스 능력을 올리기 위한 훈련과정이 되기도 합니다. 그러니 열심히 준비합시다.

법칙 **19**
미래를 생각하기 전에
지금 당장 움직여라

앞만 내다보고 말하면 억지소리처럼 들리게 된다

일을 할 때, 앞날을 내다보고 행동하면 좋은 평가를 받습니다.

예를 들어, "태풍이 접근한다는 뉴스를 듣고 출장지로 서둘러 이동한다"와 같은 위기대피행동은 높은 평가의 대상이 됩니다.

하지만 이런 능력도 잘못 쓰면 역효과가 납니다.

특히 작은 회사에서는 앞날을 내다보는 능력이 지나치게 발휘되면 "단순한 자기자랑을 하는 사람"으로 낙인이 찍힐 수 있습니다.

예를 들어, 사장이 "이번에 고객개척의 일환으로 세미나를 주최할 생각인데"라고 말했을 때, 미래를 내다보는 힘이 있는 사람은 이런 의견을 내기 십상입니다.

"사장님, 세미나를 여는 데는 비용과 시간이 듭니다. 게다가 성과를 얻기까지 너무 오래 걸립니다."

부하직원의 말에 사장은 이렇게 생각하지 않을까요?

"무슨 억지소리를 해대는 거야!"

이 경우, 작은 회사에서는 "네, 알겠습니다! 조속히 회장과 일정을 준비하겠습니다. 사장님, 언제가 좋을까요?"라고 대답해야 좋은 평가를 받게 됩니다.

그리고 실제로 준비를 하는 동안에 채산이 맞지 않는다고 판단이 되면 그때 중지할 것을 검토하면 되는 것입니다.

작은 회사의 사장은 시대의 흐름을 피부로 느끼고 자신의 안목을 믿고 모험을 해서 그 자리에 오른 사람들이 대부분입니다. 행동에 옮기기 전에 "이렇다, 저렇다."라고 하면 탁상공론만 한다고 느끼게 됩니다.

실제로 행동하고 나서야 '배우는 것'이 많다

큰 회사에서는 결재권자가 많아서 사람과 돈을 움직이려면 어느 정도 앞을 내다보고 움직일 수밖에 없을 겁니다.

하지만 그렇게 해서 얻는 것은 잘 짜인 기획서나 제안서를 작성하는 능력이나 사전공작을 하는 테크닉뿐입니다. 창조성이 높고 퍼포먼스가 뛰어난 일은 하지 못합니다.

일을 하는 데 도움이 되는 능력은 직접 몸으로 움직여야 얻을 수 있습니다. 특히 실패하고 나서 배우는 것이 참 많습니다.

제가 전에 일했던 작은 부동산회사의 전무는 이런 말을 자주 했습니다.

"모리 군이 어서 성공도 실패도 겪어봐야 할 텐데. 그래야 좀 해내기 힘든 일도 해낼 수 있을 걸세."

저는 스스로 성공이나 실패를 겪음으로써 비즈니스 스킬 면에서도 정신 면에서도 급속도로 성장할 수 있었다고 생각합니다.

또 '행동'에 대해 저는 이런 생각을 갖고 있습니다.

"A와 B라는 선택지가 있을 때, 실은 A가 더 나았는데, B를 골랐다"

이는 일을 하다 보면 흔히 있는 일입니다.

하지만 일단 B를 골랐다면 그것이 최선이라고 믿고 팀 동료와 단결해서 행동하도록 합니다. 그러면 A를 뛰어넘는 퍼포먼스를 발휘할 수도 있습니다.

언제까지나 "역시 A를 할 걸 그랬나……."라고 후회하지 말고 "B로 최고의 퍼포먼스를 발휘하려면 어떻게 해야 할까" 생각하는 것이 중요합니다. 그래야 성과를 내고 스스로도 성장할 수 있습니다.

제4장
작은 회사에서 자신의 가치를 높이는 아웃풋

법칙 20

일을 잘하는 것보다
아는 것을 우선하라

작은 회사에서는 알기만 해도 좋은 평가를 받는다

일반적으로는 알기만 해서는 가치가 없다, 잘해야 가치가 있다고 합니다.

확실히 비즈니스에서는 많이 아는 사람보다 성과를 내고 일을 잘하는 사람이 좋은 평가를 받습니다.

큰 회사에서는 일류대학 출신의 인재가 많아서 '많이 아는 사람'이 드물지 않습니다. 따라서 '아는 것'만으로는 인정받지 못합니다.

일을 잘해야 큰 회사에서는 활약할 수 있습니다.

하지만 오해를 무릅쓰고 말하자면, 작은 회사에서는 큰 회사만큼 학력이 높은 사람이 드뭅니다.

그래서 큰 회사와는 조금 사정이 다릅니다.

결과부터 말하자면 알고만 있어도 충분히 좋은 평가를 받을 수 있습니다.

저는 조직이나 시스템이 충실한 큰 회사에서 일한 경험이 있으므로 거기에서 배운 것을 전직한 작은 회사의 상사에게 종종 알려주곤 했습니다.

그러면 상사는 "모리 군, 자네는 모르는 게 없군" 하고 감탄했습니다.

그때 저는 작은 회사에서는 일을 하느냐 아니냐는 나중 문제고 일단은 '안다'는 것이 중요하다는 걸 배웠습니다.

큰 회사라면 "그럼, 직접 해보게" "정말로 할 수 있는가?"라고 지적을 받을 사안도 작은 회사에서는 "대단해! 자네는 아는 게 많군" 하고 알기만 해도 긍정적인 평가를 받을 수 있습니다.

일을 잘하게 되기는 쉽지 않습니다. 하지만 '안다'는 것은 배워서 머릿속에 집어넣기만 하면 됩니다.

'일을 잘하는 것'보다 '아는 것'이 더 쉽습니다.

따라서 작은 회사에서 성공하고 싶다면 일단 알아야 합니다.

'일을 잘하는 것'을 목표로 하되 아는 것부터 시작한다

단, 주의해야 할 것이 있습니다. 작은 회사에서도 '일을 잘하는 것'은 것은 중요합니다. 일을 잘하면 그보다 좋은 게 없습니다.

여기서 제안하고 싶은 것은 작은 회사에서는 지식만 있어도 좋은 평가를 받을 수 있으니 일단 '일을 잘하는 것'보다는 쉬운 '아는 것'부터 시작해보자는 것입니다. 결과물을 내는 것은 머리에 지식을 넣고 나서도 늦지 않습니다.

잘 알게 되었습니까? 그러면 이제는 '트라이 & 에러(try & error)'를 반복하여 일을 잘하는 단계로 넘어가야 합니다.

큰 회사에서는 실패해도 곤란하지만, 애초에 기회도 주어지지 않아서 트라이 & 에러(try & error)를 하기 어렵습니다. 하지만 작은 회사에서는 마음껏 도전할 수 있습니다.

여러 번 시행착오를 거쳐 '잘 아는 사람'에서 '일을 잘하는 사람'이 됩시다.

'안다' 와 '잘한다' 둘 중 무엇이 중요할까?

작은 회사에서는
일단 '아는 것'이 중요하다

법칙 **21**

인풋을 위한
아웃풋을 하라

아웃풋을 할수록 기억력이 향상된다

지식이나 배운 것을 머릿속에 넣어두기만 해서는 의미가 없습니다. 아웃풋이 없는 인풋은 아무런 도움이 안 됩니다.

특히 작은 회사에서는 속도가 생명입니다. 끊임없이 아웃풋을 하고 트라이 & 에러를 반복해야 더 빨리 성공에 도달할 수 있습니다.

가장 효과적인 방법은 인풋과 동시에 아웃풋을 하는 것입니다. 이 방법을 쓰면 기억력이 눈에 띄게 향상됩니다.

예를 들어, 다음과 같은 아웃풋을 하면 좋겠죠.

- 회의 의사록을 작성하고 다른 팀원에게 그 내용을 알린다
- 연수를 받으면 요점을 정리해서 설명한다
- 공부하고 나서 시험을 본다
- 다 읽은 책을 페이스북에 소개한다
- 배운 것을 노트에 정리한다

이렇게 인풋한 것을 바로 아웃풋하려고 하면 뇌는 필사적으로 기억하려고 합니다. 지금 배운 것을 언제, 어디에서, 누구에게 설명할지 정하세요.

저는 '상속 카운슬러'라는 자격학원을 운영하고 있습니다. 상속 문제에 대응할 수 있는 인재를 키우는 것이 목적입니다. 초급강좌는 아침부터 저녁까지 강습이 있는데, 그날 수업 마지막에는 시험을 봅니다.

솔직히 말하면 시험을 안 쳐도 좋지만, 시험을 치면 수업에 대한 집중력이 현저히 높아집니다.

실제로 6시간이 넘는 강의인데 조는 사람이 별로 없습니다. 시험 점수도 평균 80점으로 높은 편입니다.

수강생이 아웃풋을 하려고 강의에 집중하고 있다는 증거라고 할 수 있겠지요.

또 규모가 큰 음식 체인에서 매니지먼트를 하던 시절에도 리더

후보들에게 일을 가르칠 때는 "자네가 기억한 것을 신입사원에게 교육 차원에서 알려주게"라고 지시하여 아웃풋을 시키려고 했습니다.

아웃풋이 인풋의 질을 높인다

인풋을 하는 힘을 높이려면 비슷할 정도로 아웃풋을 해야 합니다. 인풋을 100번 해도 아웃풋을 10번밖에 하지 못하면 남은 90번은 잊게 됩니다.

저는 지금도 스터디를 비롯하여 다양한 모임에 참가하여 제가 가진 지식과 지혜를 알리려고 노력하고 있습니다. 그래서 세미나 강연요청이 오면 흔쾌히 받아들이는 편입니다.

강연할 기회가 없다면 일하는 동안에 다음과 같이 아웃풋을 해보면 어떨까요? 분명 인풋의 질이 달라질 것입니다.

"솔선해서 의사록을 작성한다"
"오늘 배운 것을 노트에 정리한다"
"신입 교육을 맡아서 한다"
"스터디에 참여해서 프레젠테이션을 한다"

자, 그럼 아웃풋을 해봅시다. 아웃풋을 하면 할수록 인풋의 질과 양이 높아지는 것을 실감할 수 있을 것입니다.

인풋을 위한 아웃풋을 한다

회의 의사록을 작성해서
팀원에게 전한다

연구를 다 하고 나면
요점을 정리해서
설명한다

공부하고 나서
시험을 본다

배운 것을 노트에
정리한다

후배와 부하직원에게
배운 것을 가르쳐준다

법칙 **22**
서류는 A4 한 장에 정리하라

두꺼운 서류는 설득력이 떨어진다

국가나 공공기관의 홈페이지에 공개한 자료를 인쇄하려고 할 때가 있지 않나요?

이런 자료를 보면 대개 글자 수나 페이지 수가 많습니다. 개중에는 PDF 파일을 열면 100페이지나 되는 자료가 나오기도 합니다.

이런 자료를 볼 때면 "이쪽은 자료를 만들었으니 나머지는 알아서 읽고 이해하기 바랍니다."라고 상대에게 몽땅 맡기는 태도가 느껴집니다.

제가 일했던 대형 음식 체인에서도 양이 많은 자료가 곳곳에 널려 있었습니다. 저의 경우도 글로 된 설명은 물론이고 많은 데이터와 근거 등을 빠짐없이 첨부한 자료와 총론부터 상세한 각론, 결론까지 아우른 몇십 장이나 되는 자료를 작성한 기억이 있습니다. 서류는 두꺼울수록 설득력이 있는 것처럼 느껴질지 모릅니다. 하지만 속도가 생명인 비즈니스 세계에서는 실제로 서류를 다 읽는 사람은 거의 없습니다. 그래서 서류가 두꺼울수록 역효과가 납니다.

특히 작은 회사의 경영자와 간부는 매일 발생하는 경영 문제에 쫓기느라 글자 하나하나를 자세히 읽을 시간이 없습니다.

대충 읽어도 이해할 수 있는 서류가 이상적이다

자료를 만들 때는 대충 읽어도 내용을 이해할 수 있도록 작성해야 합니다.

저는 가능한 A4 용지 한 장에 모든 것을 정리하려고 합니다.

핵심내용으로 표제를 만들고 글자 굵기를 굵게 해서 강조합니다. 각각의 설명은 3~4행 정도. 소표제를 4개 정도로 압축하여 한 장에 집어넣습니다.

그리고 필요에 따라서는 윗사람이 판단할 수 있는 간단한 데이터를 첨부해서 제출합니다.

이런 압축된 서류를 만들고 나서는 중요한 핵심을 상사에게 단시간에 전달할 수 있게 되었고, 커뮤니케이션상의 오해도 급격히 사라졌습니다.

여러분은 어떤 서류를 작성하고 있습니까? 기껏 열심히 만들어도 내용이 전해지지 않으면 의미가 없습니다.

서류는 'A4 용지' 한 장에 정리한다

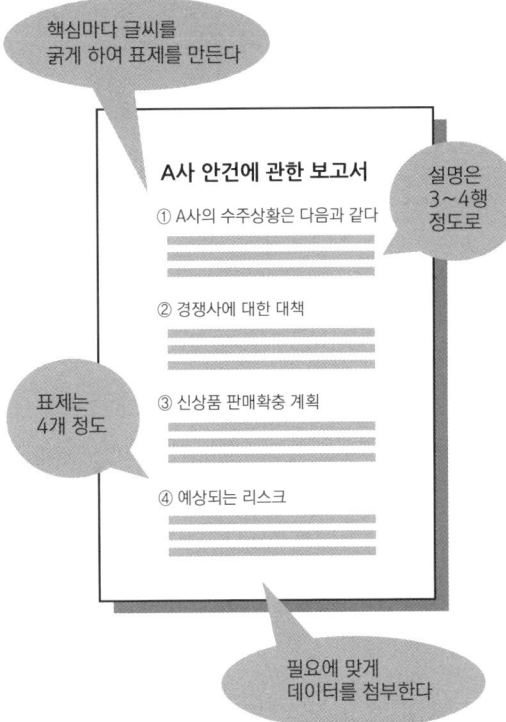

법칙 23

의제(아젠다)와 의사록을 만들어라

의사록이 성과 없는 회의를 줄인다

저는 작은 회사에서 일할 때부터 의사록을 작성하는 역할을 도맡아 했습니다.

작은 회사에서는 큰 회사만큼 '기록에 남기는' 작업이 정착되어 있지 않습니다. "일손이 부족하다", "조직이 작으니까 기록이 없어도 어느 정도의 정보공유를 할 수 있다" 등 이유는 많습니다.

하지만 의사록이 없으면 흡사 "공중전" 같은 대화로 일이 결정되어버리기도 합니다. 게다가 그 후에 결정한 내용이 실행되었는지 검증도 이루어지지 않은 채 문제가 방치되는 경우도 있습니다.

제가 일하던 작은 부동산 회사는 그런 일이 일상다반사로 일어나는 곳이었습니다. 늘 회의 방식이 비효율적으로 느껴졌습니다.

그래서 저는 회의에서 논의된 내용이나 결정사항을 의사록에 기록하여 후일(가능하면 회의 후 바로) 참석자에게 보내주기로 했습니다.

상사와 동료들은 "괜한 일을 하네"라고 생각하는 것 같았지만 저는 저 자신을 위해 의사록을 썼습니다. 의사록이 있으면 논의가 샛길로 빠지는 것을 방지할 수 있고, 어떤 말이 나왔는지 정확히 기록되어 있어서 나중에 쓸데없는 논쟁이 일어나는 것을 방지할 수 있습니다.

또 성과 없는 회의를 없애는 것도 가능합니다.

의사록에는 "결정한 것"과 "앞으로 취해야 할 행동" 칸을 만들어놓고 회의에서 아무것도 결정되지 않으면 "별다른 사항 없음"이라고 기록해놓았습니다. 이를 통해 회의 참석자의 의식변화를 촉구하여 성과 없는 회의를 줄일 수 있었습니다. 무엇보다 그날 회의의 논점이나 결론을 정리하면서 생각을 정리할 수 있게 되었습니다.

아젠다가 있으면 논의가 샛길로 빠지지 않는다

의사록뿐만이 아니라 회의와 미팅 시간을 낭비하지 않기 위해 논의할 의제인 '아젠다'도 준비했습니다.

이 일은 지금도 계속하고 있는데, 회의에 앞서 아젠다를 주면 의

제가 샛길로 빠지지도 않고 '결론을 내려는' 의식도 생깁니다. 회의와 미팅은 본래는 뭔가를 결정하고 행동에 옮기기 위해 하는 것입니다. 그럼에도 의견교환이나 잡담으로 끝나버리는 경우가 허다합니다.

  이런 경우 아젠다와 의사록을 활용하면 회의 시간이 분명 의미 있게 바뀔 것입니다.

의사록을 작성하자

제○회 판매전략회의

결정된 것
편의점 판로를 개척한다

앞으로 취해야 할 조치
A 씨와 B 씨가 다음 주까지
편의점 C와 협상을 하러 간다

> 이 두 가지 항목을 넣으면 회의의
> 성과가 곧 눈에 보이게 될 것이다

법칙 **24**
사람들 앞에서
발표할 기회를 만들어라

프레젠테이션 능력이 성과와 평가로 직결된다

대형 음식 체인 회사에서 일했을 때는 요식업이라는 직종의 특성 때문에 사람들 앞에서 프레젠테이션을 할 기회가 거의 없었습니다.

하지만 작은 회사에서는 프로젝트를 맡았으므로 임원에게 보고하거나 회의에서 발표하는 일이 늘었습니다.

이러한 경험을 통해 제가 내린 결론은 작은 회사에서는 큰 회사 이상으로 프레젠테이션이 성공을 좌우한다는 것입니다.

작은 회사에서는 프레젠테이션을 하는 상대가 정해져 있습니다. 경영간부 아니면 고객입니다.

즉, 프레젠테이션을 잘했느냐 못했느냐가 자신에 대한 평가와 성과로 직결됩니다.

따라서 작은 회사에서 성공하고 싶다면 프레젠테이션 능력을 기르는 것이 중요합니다.

프레젠테이션 능력을 향상시키는 지름길은 경험을 쌓는 것이다

그러면 어떻게 하면 좋을까요?

많은 사람에게 내용을 알기 쉽게 전달하고 그것을 행동으로 연결시키려면 어느 정도의 프레젠테이션 기술이 필요합니다. 프레젠테이션 기술을 배워서 능숙하게 다루는 것도 필요하죠. 하지만 그에 앞서 해야 할 것이 있습니다. 바로 경험을 쌓는 것입니다.

사람들 앞에서 당당히 말하기만 해도 프레젠테이션에 대한 인상은 크게 달라집니다.

본래 사람들 앞에서 말을 잘하는 사람은 이 문제에 해당 사항이 없겠지만, 대부분은 경험이 부족하면 사람들 앞에서 긴장하게 됩니다.

저는 작은 회사에서 일하면서 사내에서 프레젠테이션을 한 적이 있습니다. 아직 경험이 부족했을 때라 긴장한 나머지 "어"라는 말을 수시로 했습니다. 그리고 단상에서 내려오자마자 그 점을 지적받았죠. 그때는 어찌나 부끄럽던지 쥐구멍에 숨고 싶었습니다.

그런 저도 지금은 세미나에서 강의를 하면서 "말을 잘하시네요"라는 칭찬을 듣게 되었습니다. 그러자 사람들 앞에서 긴장하는 일도 줄었습니다.

　이게 다 사람들 앞에서 말할 기회를 놓치지 않고 경험을 쌓은 덕분입니다.

　말할 수 있는 기회가 없다고 생각하는 분도 있을지 모릅니다만, 그렇지 않습니다. 마음만 먹으면 기회는 얼마든지 있습니다.

　예를 들면, 저는 회의 등 자유롭게 발언해도 좋은 순간에는 자발적으로 손을 들고 발언했습니다. 또 외부 연수와 세미나에 참가하면 강사에게 적극적으로 질문을 하거나 그룹 토론의 자리에서는 맨 처음 자기소개를 하여 주도권을 잡기도 했습니다.

　사람들 앞에서 말하는 것에 익숙해지려면 경험을 쌓는 것이 중요합니다. 사람들 앞에서 말할 기회를 찾아서 적극적으로 발언하는 자세를 갖기 바랍니다.

법칙 **25**
자기소개를 연습하라

자기소개부터 프레젠테이션은 시작된다

회사 생활을 하면 프레젠테이션을 해야 하는 경우가 종종 생깁니다. 사내에서 기획한 내용을 설명하기 위해 프레젠테이션을 해야 할 때도 있고, 고객사와 일을 성사시키기 위해 해야 할 경우도 있습니다.

특히 회사 대 회사의 거래에서 프레젠테이션의 역할은 생각보다 큽니다. 하지만 의외로 프레젠테이션을 어려워하는 사람들이 많습니다.

만약 프레젠테이션이 부담스럽고, 여러 사람 앞에서 말하는 것이 두렵다면 저는 "부드러운 자기소개"부터 연습하는 것을 추천하고 싶습니다.

자기소개는 두 가지 이유에서 중요하다고 할 수 있습니다. 먼저 프레젠테이션을 자기소개에서 시작함으로써 전체 흐름을 자연스럽게 이어 나갈 수 있습니다. 대면해야 하는 사람들의 수가 비교적 많고 처음 보는 사람들이 대부분인 상황이라면 프레젠테이션을 시작할 때 참 난감한 경우가 많습니다.

무슨 말부터 시작해야 할지도 모르겠고, 얼어붙어 있는 사람들의 얼굴로 마음이 불편해지기도 합니다. 보통 숙련된 강사거나 프레젠터라면 자연스럽게 날씨나 공통의 관심사로부터 이야기를 꺼내어 이어나가겠지만, 프레젠테이션이 익숙하지 않은 사람이라면 자기소개에서부터 이야기를 시작하는 것이 좋습니다.

자기소개가 중요한 두 번째 이유는 자기소개가 거래 자체에 도움을 줄 수도 있기 때문입니다. 큰 회사는 회사 대 회사의 거래가 대부분이라서, 프레젠테이션에 담긴 제안의 내용을 상대적으로 중요하게 여깁니다.

그러나 작은 회사는 제안의 내용보다 일을 함께할 사람 자체를 중요하게 여기는 경향이 많습니다. 따라서 프레젠터 개인이 "오, 믿을 만한 사람인 것 같은데?" 하는 인상을 줌으로써 신뢰를 얻어 거래를 진행하는 경우도 있습니다.

대면해야 하는 사람들의 수가 몇 명 내외로 비교적 적은 수라면, 처음 만나 명함을 교환하면서부터 프레젠테이션은 시작됩니다. "지금부터 00에 대한 상품 설명을 시작하겠습니다." 라는 말과 함께 정식으로 프레젠테이션을 시작하기 전이라 할지라도 이미 프레젠테이션은 시작된 것이죠. 때문에 명함을 교환하면서 건네는 자기소개부터 프레젠테이션의 일부분으로 간주해야 합니다.

특히 첫인상은 얼굴을 마주 보고 5 ~ 10초 이내에 결정되는데, 이때 결정된 인상의 80퍼센트가 그대로 유지된다는 통계 결과가 있습니다. 여러분이 무엇인가 반전을 꾀하는 영화 마니아가 아니라면 처음 고객사와 만났을 때 주어지는 첫인상을 좋게 심어줄 수 있도록 자기소개를 연습할 필요가 있습니다.

자기소개는 다양한 패턴으로 준비하라
자기소개는 사전에 몇 가지 패턴을 준비해두고, 상황에 맞는 패턴을 선택해서 사용하면 됩니다. 저도 자기소개 패턴 몇 가지를 준비해서 사용하고 있습니다.

이렇게 해 두면 다양한 상황에서 해야 할 말을 일일이 생각할 필요가 없으므로 당황하지 않고, 차분히 준비된 이야기를 꺼낼 수 있습니다. 다음은 제 이름을 상대로 하여금 기억하게 만들고 싶을 때 사용하는 자기소개입니다.

"반갑습니다. 저는 모리 고라고 합니다. 베스트셀러 "모리와 함께 한 화요일"에서 나오는 그 모리이고, 고라는 글자 때문에 '모리야 가자!'라고 기억하시면 쉽습니다"

정식으로 자기소개를 해야 하거나 강사로서 자기소개부터 시작할 때에는 다음과 같이 강의의 내용과 연관되는 내용을 위주로 자기소개를 하는 것이 좋습니다.

상관없는 내용으로 자기소개를 채우게 되면 "그걸 우리가 알아야 하는 건가요?" 라고 생각할 수 있기 때문입니다.

"모리 고입니다. 10년간 매장에서 점장을 하면서 현장 업무를 진행했고, 그동안 500명에 가까운 직원의 교육을 전담해왔습니다. 하루에 1,000명 정도의 손님이 방문하는 매장 중에서도 가장 손님이 많은 매장을 맡아서 관리한 덕에 다양한 현장 경험을 많이 할 수 있었습니다. 그동안 배운 서비스 방법과 커뮤니케이션이 오늘 이 시간 여러분에게 도움이 될 수 있도록 최선을 다해 이야기해보고자 합니다."

대중 앞에서 자기소개를 해야 할 때에는 자기 자신이 얼마나 잘난 사람인지, 위대한 사람인지는 이야기하지 않는 것이 좋습니다.

그러나 본인이 청중들에게 얼마나 도움이 될 수 있는 사람인가에 관해서는 이야기하는 것이 좋습니다.

자기 자랑을 늘어놓으면 반감이 생기므로 비판적으로 이야기를 받아들이게 되지만, 도움이 되는 이야기를 해 줄 사람이라는 것을 느낀다면 보다 적극적으로 이야기를 들으려 하기 때문입니다.

사적인 공간에서 더욱 친근한 인상을 심어주고 싶을 때에는 자기 자신에 대한 불만족스러운 부분을 이야기하는 것도 도움이 됩니다.

가령, "저는 '모리와 함께 한 화요일'이 베스트셀러가 된 덕분에 화요일만 되면 사람들이 바쁘지 않느냐고 자꾸 물어봅니다. 책의 제목만 들어본 어떤 사람들은 그 책에 나오는 모리가 저라고 생각하기도 한다니까요."와 같이 사람들이 쉽게 이해할 수 있는 불편을 이야기하는 것은 사람들로 하여금 거리감을 상당히 줄여주는 역할을 하죠.

이처럼 형식에 구애받지 않고 다양하게 자기소개를 만들어두면 상황에 따라 적절히 대응할 수 있습니다. 물론 자기소개만 연습을 잘 해두어도 프레젠테이션 능력은 놀랍게 향상됩니다. 커뮤니케이션도 훨씬 원활해질 수 있고요.

자기소개는 프레젠테이션의 시작이자 한 부분이기 때문입니다.

처음부터 자기소개를 말로 하는 것이 어렵다면 일단 글로 작성해보도록 합시다. 굳이 외울 필요 없이 자기소개를 하는 자리에서 직접 꺼내 읽는 것도 사람들에게 의외의 즐거움을 선사해줄 수 있습니다. 미리 자기소개를 만들어두기만 해도 긴장이 풀리고 어색함이 사라질 것입니다.

법칙 26
퍼실리테이터를 도입하라

'리더십이 있다'는 인상을 준다

회사에 진정 회의가 필요한 것인지 의문을 품었을 때, 저는 한 권의 책을 만났습니다. 모리 도키히코의 〈더 퍼실리테이터〉라는 책입니다.

이 책을 읽고 나서 저는 회의에서 퍼실리테이터 역할을 적극적으로 맡아서 하게 되었습니다.

퍼실리테이터란 회의가 순조롭게 진행되도록 조화와 조정을 하는 역할입니다.

예를 들어, 회의에서 의견이 한쪽으로 치우쳤을 때, "좋은 의견입니다. 그러면 이 의견과 반대되는 의견에는 무엇이 있을까요?"라고 생각할 거리를 던져주어서 참가자가 폭넓게 생각할 수 있게

도와줍니다.

이것은 퍼실리테이터의 기술 중 하나입니다. 이렇게 퍼실리테이터 역할을 하면 회의 시간을 더 의미 있게 만들어갈 수 있습니다.

무엇보다 회의를 주도하게 되어 리더십이 있다는 인상을 줄 수 있습니다.

의제와 의견을 화이트보드에 적는다

퍼실리테이터라고 하면 굉장히 어렵게 느끼는 사람이 많습니다. 그래서 "나에게는 무리다"라고 지레 겁을 먹기도 하죠.

여기에서는 누구나 간단히 할 수 있는 퍼실리테이터 기술을 하나 소개하겠습니다.

바로 화이트보드에 적는 방법입니다.

일단은 회의에서 논의된 논점을 화이트보드에 기록합니다.

예를 들어 "사원을 늘리느냐, 마느냐"가 의제라면 그 의제를 화이트보드에 쓰고 그 밑에 동료의 의견을 적습니다.

- 밤 11시까지 초과 근무를 할 때가 많아서 영업사원을 늘렸으면 좋겠다
- 초과 근무를 하지 않고 빨리 귀가하는 사람도 많다

찬성·반대를 포함해서 다양한 의견이 나오면 그것을 바탕으로 "밤 11시까지 초과 근무를 하는 사람은 몇 명인가?", "초과 근무를 하지 않고 빨리 귀가하는 이유는 무엇인가?"와 같은 질문을 해서 한층 깊이 있는 논의를 할 수 있습니다.

여기서 중요한 것은 의견을 가시화하는 것입니다.

말로만 논의하면 깊이 있게 논의하지 못하고 일부의 감정적인 의견만 나올 가능성이 있습니다.

반면 기록된 것을 보면 그 의견이 사실인지, 아니면 감정적인 불평불만에 불과한지 쉽게 판단할 수 있어 냉정하게 논의를 진행할 수 있게 됩니다.

물론 처음에는 잘되지 않을지 모릅니다. 하지만 의제나 의견을 적는 것만으로도 퍼실리테이터 역할을 수행하는 것이라고 할 수 있습니다

너무 어렵게 생각하지 말고 퍼실리테이터 역할을 꼭 해보길 바랍니다.

퍼실리테이터 역을 맡아서 한다

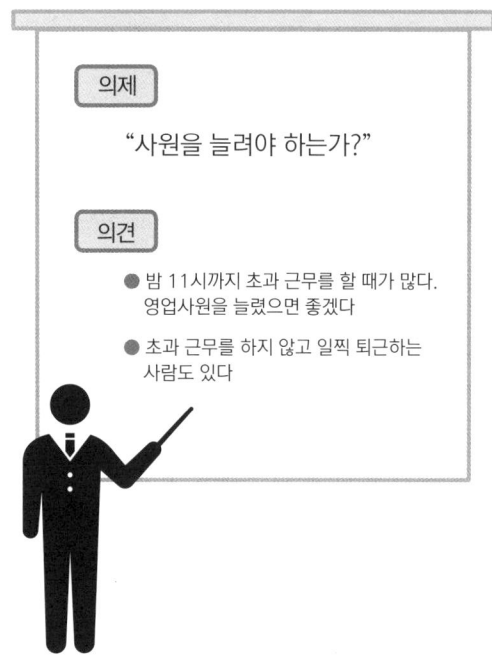

 '눈에 보이게끔 하여' 더욱 심도 있는 질문을 할 수 있다

법칙 27
상대가 알아듣기 쉽게 설명하라

상대가 이해할 수 있는 '공통언어'를 쓰고 있는가
작은 회사에서는 경영간부에게 직접 프레젠테이션이나 보고를 할 기회가 있습니다.
　하지만 이런 말을 들어서 충격을 받은 경험은 없습니까?
"이런 기획이 어디가 재미있다는 거지?"
"자네가 하는 말은 현실성이 없어."
"무슨 말을 하고 싶은지 모르겠군."
　자신은 알기 쉽게 설명하는데, 상대는 그것을 이해하지 못하는 겁니다.
　사실 이런 경우는 대개 상대의 이해력이나 당신의 기획력에 문제가 있는 것이 아니라 당신의 프레젠테이션 능력에 문제가 있는 것입니다.

더 자세히 말하면 "공통의 언어"를 쓰지 않은 것이 문제가 된 경우입니다.

여기서 말하는 언어란 물론 일본어입니다. 문제는 상대가 알아듣기 쉬운 말로 변환하지 않았다는 것입니다.

상대와 나이 차가 있거나 견해가 다르면 이쪽에서 최선을 다해 설명해도 잘 전달되지 않습니다.

나이와 세대, 직종 등에 따라 지식과 어휘력, 쓰는 전문용어에 차이가 있습니다. 따라서 일방적으로 말을 하면 상대가 이해하지 못할 가능성이 있습니다.

저는 대형 음식 체인에서 매니지먼트를 했으므로 아래로는 16세부터 위로는 60세가 넘은 분까지 폭넓은 연령층의 사람들을 교육할 기회가 있었습니다.

이때 항상 염두에 둔 것은 제가 하고 싶은 말을 하는 것이 아니라 듣는 사람에게 알기 쉬운 말을 써야 한다는 것입니다.

예를 들어, 상대가 운동을 좋아하면 스포츠를 예로 들어 설명하거나 외래어를 잘 못 알아들으면 일본어로 바꿔서 표현했습니다. 또 상대방의 표정을 보면서 말하는 내용을 조정하거나 속도를 조절하기도 했습니다.

이렇게 상대방의 이해를 기준으로 하면 쓰는 말이 달라집니다.

상대가 이해하지 못한다면 전달 방법에 문제가 있는 것이다

알기 쉽게 전달하려면 질문을 해서 상대를 이해하는 것도 중요합니다.

예를 들어, 저는 상속컨설턴트로서 상속에 관한 상담을 하기도 합니다.

상속은 전문지식이 없으면 어렵습니다. 특히 젊은 사람에게 제 지식을 설명할 때는 "아버지는 건강하십니까? 집은 주택입니까? 집은 본인 소유입니까?"라고 질문한 다음에 말을 합니다.

"아버지가 돌아가시면 그 아버지가 가진 집이나 돈을 법률로 정한 사람이 상속받게 됩니다. 그 사람들을 〈상속인〉이라고 합니다. 법률에서는 아버지의 상속인은 어머니와 자식들, 즉 ○○ 씨(상대)들입니다. 그리고 집의 명의를 어머니로 할지, ○○ 씨가 이어받을지를 결정해야 합니다. 이런 종류의 상담과 수속을 도와드립니다."

물론 이래도 이해하지 못하는 사람도 있습니다. 그런 경우는 더 세분화하여 자세히 설명합니다.

중요한 것은 "상대에게 눈높이를 맞추고 이해하기 쉽게" 말하려는 자세입니다. "이런 것도 모르냐?" "어떻게 이런 좋은 기획을 이해하지 못하냐?"라고 불만을 터뜨리기 전에 여러분이 하는 말이 상대가 알아듣기 쉬운 말로 변환되었는지 체크해봅시다.

제5장
작은 회사에서 살아남는 인간관계를 맺는 방법

법칙 **28**

직속 상사뿐만 아니라
임원과 사장에게도 좋은 인상을 주어라

**작은 회사의 인사고과는 임원이나 사장의 '좋다, 싫다'로
좌우되는 경향이 크다**

회사에서는 인사평가가 승진과 연봉 인상 등에 있어서 중요한 요소입니다. 하지만 그에 못지않게 중요한 요소가 개인에 대한 좋다, 싫다로 판단하는 단순한 호감입니다.

이는 작은 회사일수록 훨씬 더 중요한 판단 기준입니다. 물론 큰 회사에서도 승진을 위해서는 힘이 있는 임원이나 사장의 편에 서는 것이 필요하지만, 말단 사원일 경우 임원이나 사장과 접점이 거의 없기 때문에 크게 의미가 없습니다.

그래서 상사의 인사 평가나 구체적인 실적이 반영되어 승진과

연봉 인상 등이 결정되죠.

그러나 작은 회사에서는 직속 상사의 평가만으로 모든 것이 결정되지 않습니다. 대신, 평소에 대면할 기회가 많은 임원이나 사장이 내리는 판단이 큰 영향력을 발휘합니다. 그리고 이때, 판단은 구체적 실적이나 인사고과 평가를 바탕으로 하지 않습니다.

사실 임원이나 간부가 직접 인사고과 평가를 확인하는 일은 드물죠. 이들은 단순히 개개인에 대한 "좋다, 싫다."라는 판단 기준만 가지고 평가를 하게 됩니다.

제가 일하던 한 작은 회사에서는 아침마다 팀장급 이상이 모여 회의를 하면서 직원들을 평가하는 자리를 가졌습니다. 저도 간부로서 그 자리에 참석했는데, 다른 간부들의 이야기를 들으면서 알게 된 것이 있습니다. 부하직원을 평가하는 기준이 단순히 좋고 싫음에 있다는 사실을 말이죠.

"아, 그 사람은 왜 항상 얼굴이 굳어있지!? 주변 사람들까지 피곤하게 말이야"

"그 사람을 보면 참 예의 바른 것 같더군. 아침에 와서 주변에 일일이 인사를 하고 업무를 시작하던데?"

그리고 이렇게 평가를 받은 사람들은 얼마 지나지 않아 발생하는 인사이동으로 그 답을 받았습니다. 개인의 의지와 상관없이 외직인 부서로 발령 난다든가, 혹은 갑자기 승진하는 등으로 말이죠.

즉, 작은 회사일수록 임원이나 사장이 개인에게 받은 인상이 승진 여부를 좌우하는 경향이 크므로 좋은 인상을 심어주는 것이 중요합니다.

만약 직속 상사의 눈 밖에 났다면……
기본적으로 회사에서 직속 상사의 눈 밖에 났다면 여간해서는 그 회사에서 살아남기가 힘듭니다. 본인과 가장 자주 대면하는 사람이 직속 상사일 테고, 업무 지시를 받아야 하기 때문입니다. 끊임없이 스트레스를 받게 되겠죠.

이때에는 어떻게 해서든 상사와의 관계 개선이 필요합니다. 친절히 대해보기도 하고, 열심히 하려는 인상을 심어주는 등의 노력이 요구되죠.

하지만 그래서도 안 된다면 회사에서 살아남기 위해 임원이나 사장에게 잘 보일 필요가 있습니다. 말단 직원이라 할지라도 임원이나 사장의 눈에 든 사람이라면 여간해서는 직속 상사가 괴롭히기 쉽지 않기 때문입니다.

제가 일하던 회사의 한 부서는 부서장이 올곧고 기준과 원칙이 분명한 사람이었습니다. 그런데 이 때문에 아랫사람들과 충돌하는 일이 종종 있었죠.

직원 하나가 해당 부서장과 충돌을 하게 되었는데, 이후 이 직원이 부서 전체가 잘못 운영되고 있고, 모든 직원이 일을 대충대충

하고 있다는 식으로 사장에게 직접 메일을 써서 보낸 적이 있었습니다.

이 메일을 받고 나서 사장은 매우 분노했습니다. 해당 부서의 모든 직원이 자신을 속이고 있다고 여겼기 때문입니다. 실제로 그랬는지 아닌지는 중요하지 않았고, 사실이 아니더라도 이를 반박할 논리도 부족했습니다.

똑같은 사실이라도 어떻게 포장하느냐에 따라 심각한 부조리처럼 보일 수 있었기 때문입니다.

심지어 이 직원은 사석에서 가진 술자리에서 직원들끼리 나누던 대화를 몰래 녹음해서 사장에게 전달하기까지 했습니다. 아마도 회사에 대한 불평불만을 늘어놓던 부분을 위주로 했었겠지요.

이후 대대적으로 부서에 대한 평가가 일어났고, 그에 연관된 사람들이 모두 회사를 떠나야 했습니다. 물론 그 직원은 사장의 주관적인 의지로 계속 승진하여 부서장까지 밀어내고 부서장이 되었습니다.

위에서 예로 든 상황은 말단 직원이 사장에게 잘 보였을 때 어떤 상황이 발생할 수 있는지를 보여주는 아주 극단적인 예입니다.

물론 이것이 "직속 상사를 소홀히 하더라도, 임원과 사장에게만 좋은 인상을 주면 된다."라는 의미는 아닙니다.

직속 상사와 잘 지내면 그보다 좋은 것은 없죠. 하지만 그만큼 임원과 사장에게 좋은 인상을 주는 것도 중요하다는 의미입니다.

작은 회사는 누가 뭐라 해도 대부분 사장의 1인 경영체제입니다. 이사진이나 간부의 판단보다 사장의 의지가 가장 중요하다는 뜻이죠. 여러분이 만약 지금 작은 회사에서 성공을 꿈꾸고 있다면 사장이나 임원과 좋은 관계를 맺는 것을 게을리해서는 안 됩니다.

작은 회사에서는 사장과 임원이 인사평가를 한다

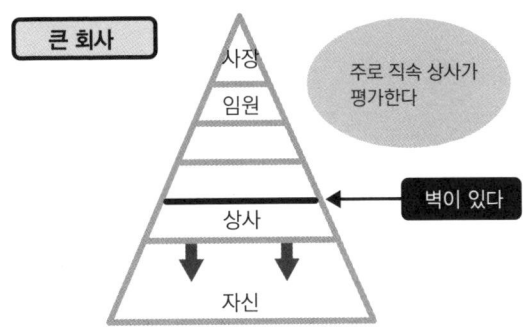

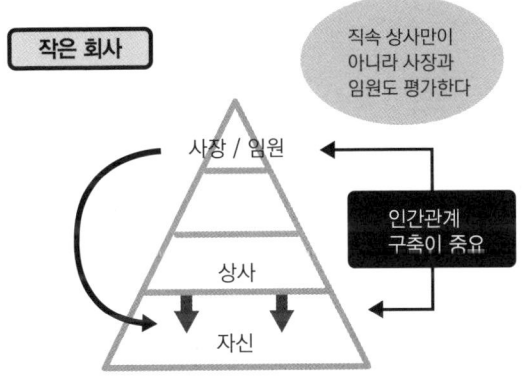

작은 회사에서 살아남는 인간관계를 맺는 방법

법칙 29
자신보다 우수한 사람과 어울려라

경영간부와 어울리면 배우는 것이 많다

어떤 사람과 가까이 지내느냐는 일에서도 인생에서도 중요합니다. "어떤 사람과 어울리느냐가 인생의 90퍼센트를 결정한다"고 해도 과언이 아니죠.

제가 인간관계를 맺는 데 제일 중요하게 생각한 것은 저보다 우수한 사람과 친하게 지내자는 것이었습니다.

제가 근무했던 작은 부동산회사는 다른 회사에 비하면 인재가 많았다고 생각합니다. 하지만 회사에는 부정적인 사람, 의욕이 없는 사람, 마지못해 일하는 사람 등 나쁜 기운을 뿜어내는 사람이 적지 않았습니다.

이렇게 "사다코(영화 〈링〉의 주인공으로 모니터에서 나오는 장면이

유명하다-역주)" 같은 이들과 어울리면 괜히 일하는 데 발목을 잡히거나, 의욕을 잃기가 십상입니다.

저는 '사다코' 같은 사람과는 반대 타입, 즉 긍정적이고 일에 대한 의욕이 높고, 일을 즐기는 사람과 어울리려고 노력했습니다. 이런 사람들은 저보다 훌륭한 데가 많았습니다.

큰 회사에서는 주위에 우수한 사람이 수두룩합니다.

하지만 작은 회사에는 큰 회사만큼 우수한 사원이 많지 않습니다. 그래서 그런 사람이 경영간부가 될 소지가 큽니다. 작은 회사라 해도 회사의 경영을 책임지는 사람들은 경험도 풍부하고 스킬도 뛰어나서 배울 점이 많습니다.

그래서 저는 작은 회사에서 일하는 동안에 사장과 전무 등과 적극적으로 커뮤니케이션을 하며 일에 대한 가치관과 스킬을 배웠습니다.

당시 회사에서 실적이 가장 좋았던 영업부장과도 친하게 지냈습니다.

"의논드릴 게 있어요"라는 요청을 받고 싫어할 사람은 없다

우수한 사람들은 타인의 발목을 잡거나 질투가 나도 그 사람을 괴롭히지 않습니다.

본인이 우수하다는 걸 알고 있기 때문에 그런 무의미한 짓을 할 필요가 없는 것입니다.

여러분, 현재 주변에 있는 '사다코'들과 어울리고 있습니까? 그러지 말고 여러분보다 유능하고 뛰어난 회사 동료를 찾아봅시다. 그리고 식사에 초대하거나 일에 대한 조언을 구하세요. 그편이 여러분에게 이득입니다.

다가가기 어렵다면 "의논드릴 게 있습니다."라고 말을 건네봅니다. 후배나 아랫사람에게 그런 요청을 받고 싫어할 사람은 별로 없습니다. 친하게 지내기 위해 적극적으로 행동에 나섭시다.

여러분이 평소에 친하게 지내는 사람은 배울 점이 있는 사람입니까?

여러분보다 뒤떨어지는 사람과 어울리면 마음은 편할지 모릅니다. 하지만 발전은 없습니다.

주변에 '사다코'와 같은 사람이 많다면 이제라도 생각을 바꿔서 여러분보다 뛰어난 사람과 친해지려고 노력합시다.

자신보다 나은 사람과 어울리자

| 부정적인 사람, 의욕이 낮은 사람 | 자신보다 우수한 사람 |

- 발목을 잡힌다
- 질투한다
- 발전적인 만남이 불가능하다

- 배울 게 많다
- 고민이 있을 때 의논 상대가 된다
- 응원해준다

 회사 안팎에 있는 '자신보다 우수한 사람'과 어울리는 것이 자신에게 득이 된다

작은 회사에서 살아남는 인간관계를 맺는 방법

법칙 **30**
라이벌을 만들어라

라이벌의 존재가 성장의 발판이 된다

"사람은 사람으로 연마한다"

이것은 제가 좋아하는 말입니다.

다이아몬드를 연마하려면 같은 경도의 다이아몬드로 갈아야 한다고 합니다. 그와 마찬가지로 인간도 자신과 수준이 비슷한 사람과 배우고 익히고 수련함으로써 성장해갑니다.

즉, 라이벌이라고 할 만한 존재가 있으면 서로 자극을 주고받으면서 능력과 스킬을 빠르게 향상할 수 있는 것입니다.

예를 들어, 다카노하나(일본 스모의 간판스타-역주)와 아케보노(하와이 출신의 전 스모선수-역주), 구와타 마스미(일본의 전 프로야구 선수로 포지션은 투수-역주)와 기요하라 가즈히로(전 프로야구 선수로 현역시절 홈런왕으로 이름을 날렸다-역주), 사이토(니혼햄 파이터스 소속 야구선수-역주)와 다나카 마사히로(뉴욕 양키스 소속 야구선수-역주)는 모두가 라이벌이 있었기에 엄청난 힘을 발휘할 수 있었습니다.

얼마 전, 전 스모 챔피언이었던 아사쇼류가 폭력사건 등의 문제에 휘말려 은퇴했습니다. 그에게도 강력한 라이벌의 존재가 있었다면 스모에 더 집중했을지도 모릅니다.

가상의 라이벌을 만든다

라이벌을 갖고 싶다고 해서 당장 눈앞에 짠하고 나타나지는 않습니다. 라이벌이란 운명적인 끌림이 있어야 합니다.

그러면 어떻게 하면 좋을까요? 여러분이 미래에 갖고 싶은 능력을 갖춘 사람을 '가상의 라이벌'로 정하는 겁니다. 그렇게 해서 갖고 싶은 능력을 기르는 것입니다.

제 경우, 사람들 앞에서 프레젠테이션을 할 자신이 없었으므로 그 분야의 1인자를 찾아갔습니다. 그를 가상의 라이벌로 정하고 그가 말하는 것, 행동하는 것을 보며 열심히 배웠습니다.

또 상속 업무에 관해 공부하기로 했을 때는 이미 성공한 상속 관련 컨설턴트의 세미나에 참가해서 그의 지식과 노하우를 흡수했습니다.

이렇게 자신이 갖지 않은 것을 가진 사람과 어울리면 식견이 넓어지고 비즈니스 스킬도 향상됩니다.

아직 장래의 목표와 비전이 확실하게 정해지지 않았다면 '더 알고 싶고', '더 배우고 싶은' 분야에 도전해봅시다.

가상의 라이벌로 삼을 때, 모든 것을 존경할 수 있는 사람이 아니어도 괜찮습니다. 자신보다 뛰어난 부분이 있으면 그 부분만 경쟁 상대로 보면 됩니다. 또 한 사람이 아니라 여러 명이 되어도 상관없습니다.

이렇게 가상의 라이벌을 두면 마음의 에너지가 충전되어 의욕이 높아질 것이다.

'장래의 자신'을 라이벌로 한다

또 하나 추천하고 싶은 방법이 있습니다.

'장래의 자신'을 라이벌로 삼는 것입니다.

저는 화법, 사고방식, 스킬, 인맥, 인망, 결과 등 모든 면에서 목표수준을 달성한 장래의 '이상적인 모습'을 라이벌로 삼았습니다.

'장래의 내 모습'에 대한 그림이 명확할수록 자신을 더 발전시킬 수 있습니다.

개중에는 "이상적인 미래의 내 모습이 잘 그려지지 않는다"고 말하는 사람도 있을 것입니다. 그럴 때는 각종 모임과 세미나, 스터디 등에 참가해서 많은 사람과 만나보도록 합니다.

가능하면 무료 모임보다는 참가비가 조금 비싼 곳을 추천합니다. 참가비가 비싼 곳에는 의식이 높고 소위 성공했다고 일컬어지는 사람들이 많이 참가하기 때문입니다.

평소에 만난 적이 없는 수준 높은 사람과 교류하다 보면 "이렇게 되고 싶다"고 생각되는 미래의 내 모습이 보일 것입니다.

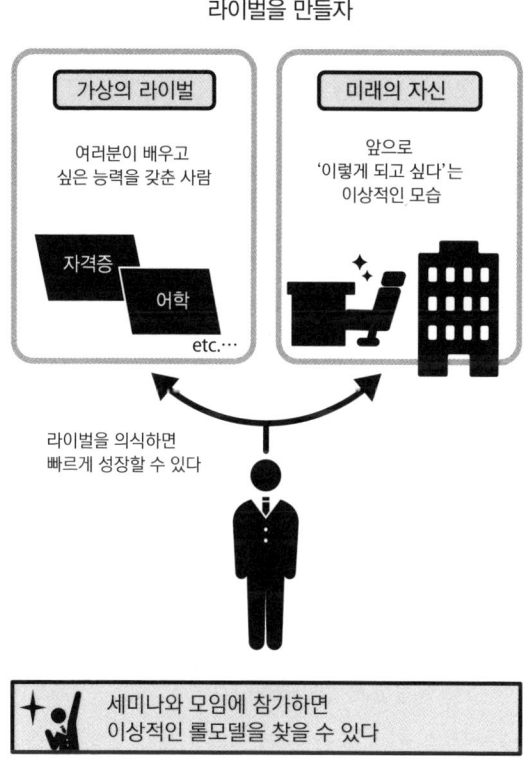

법칙 **31**
1년에 500명을 만나라

사람은 만나지 않는 것보다 만나는 게 좋다

작은 회사로 옮긴 후, 저는 목표 하나를 세웠습니다. 2년 동안 1,000명을 만나자는 것입니다. 즉, 1년에 500명인 셈입니다.

사람과의 만남이 인생을 바꿔줍니다. 가령, 모르는 것이 있으면 아는 사람을 찾아가서 물어보면 배울 수 있습니다. 못하는 것이 있으면 잘하는 사람을 찾아가 협조를 부탁하면 배울 수 있습니다.

지금까지의 경험을 통해 그것을 피부로 느낀 저는 회사를 옮긴 직후, 2년간을 "사람과 집중적으로 만나는 기간"으로 정하고 각종 모임과 세미나에 열심히 참가했습니다.

제가 이런 말을 하면 이렇게 말하는 사람도 있습니다.

"만나는 것이 목적인 명함 수집가는 성공하지 못한다."

그 말에는 저도 동감합니다. 하지만 동시에 이렇게도 생각합니다.
"만나지 않는 것보다 많이 만나는 게 더 좋다."
어쩌면 인생을 바꾸는 만남도 수많은 만남 속에서 성립하는 게 아닐까요?

인연을 소중히 하는 '안부엽서 작전'

저는 한 번 이어진 인연이 끊어지지 않고 계속 이어질 수 있게 노력했습니다.

어떻게 했을까요? 누군가를 만나면 그 사람에게 안부엽서를 보낸 것입니다. 1년간 500명과 만났으니 500장의 엽서를 쓴 것입니다.

이 엽서작전은 '시모카와 성공수첩'의 개발자이며, 제 마음의 스승인 시모카와 고지(일본의 경영컨설턴트-역주) 씨에게 배웠습니다.

참고로 시모카와 성공수첩은 단순히 스케줄을 관리하는 수첩이 아닙니다. 그 안에 '하고 싶은 일 리스트' '아이디어 기록' '독서감상 시트' 등이 들어 있는, 인생을 바꾸는 지혜가 가득 담긴 수첩입니다.

상대방을 생각하며 엽서를 쓰니 신기하게도 인연이 끊어지지 않고 이어졌습니다.

비즈니스를 함께 하는 파트너, 서로 꿈을 응원하는 친구 등, 그때 만난 사람 중에서 지금도 많은 사람과 연락하고 지냅니다. 그리고 그 만남이 지금 제가 하는 비즈니스의 초석이 되었다고 해도 과언이 아닙니다.

안부엽서의 가장 큰 효과는 상대에게 깊은 인상을 남긴다는 것입니다.

세미나나 각종 모임에 참가하면 많은 사람과 명함을 교환하게 됩니다. 그래서 나중에 명함을 봐도 누가 누구인지 헷갈리죠.

하지만 안부엽서를 보내면 받은 사람이 "앗, 이 사람은 그때 만난 그 사람이구나!"라고 떠올리게 됩니다. 만약 엽서를 보내지 않으면 그대로 기억 저편으로 사라집니다.

최근에 제가 강사 활동을 시작하고 책도 출판하면서 명함을 교환하자고 찾아오는 분들이 늘었습니다. 저 역시 인간인지라 인사한 사람을 전부 기억해내지는 못합니다. 엽서를 받거나 질의응답에서 적극적으로 질문을 한 사람을 먼저 기억하게 됩니다.

"세미나는 지식과 노하우를 배우는 곳"이라고 단언하는 사람도 있습니다.

하지만 제 경험상 강사나 다른 수강생과의 만남이 비즈니스에 도움이 된 적이 적지 않습니다.

인생을 바꾸는 만남은 어디에서 올지 모릅니다. 그러니 열심히 사람들을 만나러 다닙시다.

법칙 **32**
술자리에서는 불평을 하지 말고 제안을 하라

술자리에서 임원에게 아이디어를 제안한다

최근에는 옛날과 비교해서 회사에서의 노미니케이션(마시다는 飮 む의 명사형 飮み + communication의 일본 조어로 술자리 대화를 뜻한다-역주)이 별로 활발하지 않은 것 같습니다.

이렇게 말하는 저도 작은 회사에서 일하던 때에는 회사 동료들과 술을 마시러 간 기억이 별로 없습니다.

술을 마시러 가면 서로 불만을 토로하거나 일에 아무런 도움이 되지 않는 잡담만 주고받았기 때문입니다. 이는 어느 회사에서나 흔히 볼 수 있는 현상일 겁니다.

그래도 가끔은 상사나 임원과 일을 하다가 자연스럽게, 혹은 친해져서 술을 마시러 갈 기회가 있었습니다.

그런 기회가 올 때마다 제가 잊지 않은 것이 있습니다. 상대가 하는 말에 귀를 기울이는 동시에 제가 가진 아이디어를 제안하는 것입니다.

특히 임원과 술을 마실 때는 "부서 인원을 보충해주세요." "부동산 투자를 엮어서 비즈니스를 하면 좋지 않을까요?"라고 제안을 했습니다.

경영간부는 늘 안테나를 높이 세우고 회사를 더 좋은 방향으로 이끌 아이디어를 찾습니다. 그래서 어떤 1인 경영자든 부하직원의 아이디어에 귀를 기울입니다.

지금은 저 자신도 작은 회사를 경영하고 있는데, 직원들의 목소리를 들으려고 늘 안테나를 세우고 있습니다.

둘이서 마시러 가는 것이 이상적이다

술이 들어가면 인간은 조금 흐트러지고 마음도 넓어집니다. 그래서 술자리에서는 부하직원과 경영진이 허심탄회하게 대화를 나눌 수 있습니다. 경영진은 부하직원의 아이디어에 귀를 기울이고, 아이디어를 제안하는 쪽도 회의자리가 아니니 부담 없이, 가벼운 마음으로 제안할 수 있는 것입니다.

앞에서 저는 작은 부동산회사에서 자회사를 만들었을 때, 그 회사의 임원으로 발탁되었다고 말한 적이 있습니다. 그 회사를 만드는 신규 사업에 관한 아이디어도 술자리에서 제안한 것입니다.

참고로, 실현하고 싶은 아이디어가 있을 때는 결재권이 있는 경영간부와 단둘이 술을 마시러 가는 것이 효과적입니다. 여럿이서 가면 그저 술을 마시는 자리가 될 가능성이 높아집니다.

최근에는 "부하직원을 술자리에 부르기가 어렵다"고 푸념하는 상사도 적지 않습니다. 상사가 술을 좋아하면 여러분이 먼저 "술자리에 저도 데리고 가주세요."라고 말을 꺼내 보세요. 그러면 상사가 기분 좋게 여러분을 데리고 가줄 것입니다.

법칙 **33**

협상할 때는
상대가 얻을 메리트도
알려준다

작은 회사에서는 '윈윈 협상'이 유효하다

일은 사내외를 불문하고 협상의 연속이라고 합니다.

협상이라고 하면 "상대를 위협하는" 것을 떠올리는 사람이 많은 것 같습니다.

이것을 협상학에서는 "제로섬 협상"이라고 합니다. 하나의 정해진 파이를 서로 빼앗는 협상을 말합니다.

하지만 이상적인 스타일은 서로가 윈윈(WIN-WIN)하는 협상입니다. 자신의 이익만 고집하는 것이 아니라 상대가 얻을 메리트를 고려하면서 협상하는 거죠. 이를 '윈윈 협상'이라고 합니다.

작은 회사에서는 동료와 원만한 관계를 유지하는 데도 윈윈 협상력이 필요합니다.

작은 회사는 큰 회사만큼 인간관계가 메마르지 않아서 한쪽이 '이기는' 협상이 되면 감정이 상하게 됩니다. 그러면 일에 지장이 생기고 인간관계도 틀어질 위험이 있습니다.

예를 들어, 저녁에 여러분이 참가하려는 세미나가 있다고 합시다.

당일, "부장님, 오늘 참가하고 싶은 세미나가 있어서 좀 일찍 퇴근하고 싶습니다만"이라고 단도직입적으로 말하면 어떻게 될까요?

일이 없으면 별문제 없겠지만 일이 많은 경우에는 "바쁘니까 세미나보다 일을 우선하게"라는 것이 상사의 본심일 것입니다.

상사의 만류로 세미나에 가지 못했다 해도 주변의 동료에게 "세미나인지 뭔지가 있어서가 아니라 사실은 그냥 빨리 퇴근하고 싶은 거 아니냐?"라고 쓸데없는 억측을 살 수도 있습니다.

이런 경우에는 세미나 전날에 다음과 같이 윈윈 협상을 해 보는 것은 어떨까요?

"부장님, 내일 ○○라는 세미나가 있습니다. 지금, 우리 부서가 안고 있는 문제를 해소할 정보를 들을 수 있을 것 같습니다. 내일 다녀오려고 하는데, 시간 좀 빼주세요. 오늘은 그래서 야근을 하고 퇴근하려고 합니다."

이렇게 말하면 상사도 안 된다고 말하기 어려울 것입니다.

"회사와 부서에도 메리트가 있다"고 상대가 얻게 될 메리트를 명확히 내세우는 동시에 "내일 빨리 퇴근하기 위해 오늘 초과 근무한다"는 대체안도 냈기 때문입니다. 즉, "자신도 상대도 이득"이라는 것을 강조하는 겁니다.

상사와 협상해서 일하면서 대학원에 진학한다
작은 회사로 옮기고 몇 년 후에, 저는 신규 사업을 맡아서 하게 되었습니다. 하지만 경영학에 관해 아는 게 없으니 참 불편하더군요. 그래서 경영학을 배우러 대학원에 가야겠다고 결심했습니다.

이때도 상사와 윈윈 협상을 해서 대학원에 가는 것을 허락받았습니다.

대학원은 저녁 7시부터 수업이 시작됩니다. 아무리 늦어도 저녁 6시 5분 전에는 회사를 나와야 하죠. 하지만 회사 업무가 끝나는 시간은 저녁 6시였습니다.

이유가 어떻든 간에, 누구보다 빨리 일을 마치고 퇴근해야 합니다. 동료들이 "모리 씨는 늘 일을 내버려 놓고 일찍 퇴근한다"고 착각해도 할 말이 없습니다.

그래서 저는 상사에게 이렇게 말했습니다.

"경영학을 배움으로써 저 자신의 능력이 향상되고, 나아가서는 회사의 발전으로 이어집니다."

그리고 무사히 대학원에 다닐 수 있었습니다.

자신의 생각만 밀어붙이는 것은 협상이 아닙니다. 상대가 얻을 메리트도 고려하면서 협상을 하면 인간관계를 해치지 않고 협상에 성공할 수 있습니다.

법칙 34
바쁠 때는 남의 시간을 빌려라

빠르게 대처할 수 있는 것이 작은 회사의 강점이다

큰 회사든 작은 회사든 일을 하다 보면 일이 늘어나 점점 시간에 쫓기게 됩니다.

저도 작은 회사에서 일할 때는 "부탁받은 일을 하는 것은 나를 시험하는 것"이라고 생각하고 들어오는 일을 다 받아서 했습니다. 그래서 시간과 일손이 늘 부족했습니다.

부하직원이 있으면 부하직원에게 일을 나눠주면 됩니다. 하지만 일의 종류에 따라서는 그렇게 하지 못할 때도 있습니다.

그럴 때는 남의 손을 빌려야 합니다. 안 그러면 일이 늦어지고 성과도 악화됩니다.

회사의 상황이나 자신의 입장에 따라 다르겠지만, 일손이 필요할 때는 다른 부서의 인재를 빌리는 것도 나쁘지 않습니다.

특히 작은 회사는 빠르게 대처할 수 있는 것이 강점입니다. 윗사람의 허가나 임원의 승인만 얻으면 별다른 절차도 필요 없이 쉽게 남의 손을 빌릴 수 있습니다.

회사에 메리트가 있다고 강조한다

단, 말을 잘못 꺼내면 인간관계가 틀어지거나, 입장이 곤란해질 수 있으니 세심한 주의가 필요합니다.

요컨대, "일이 없는 사람의 도움을 빌리면 회사 전체, 혹은 상대에게 이익이 된다"고 강조하는 겁니다.

예를 들어, 다음과 같이 설명합니다.

"○○ 과장님, 저희가 홈페이지 개편을 검토하고 있는데, ○○ 과장님 팀에 있는 A 씨의 힘을 빌리고 싶습니다. A 씨는 컴퓨터에 능통하다고 들었습니다. 앞으로 A 씨와 협력해서 ○○ 과장님 부서와 저희 부서가 홈페이지 상에서 제휴할 수만 있다면, 고객의 반향도 늘 것이라 생각합니다."

'상대편 부서에도 메리트가 있다'고 전하는 것은 협상하는 데 있어 없어서는 안 될 중요한 요소입니다.

"A 씨는 일이 없는 것 같으니 저희 팀에 빌려 주세요"라고 다짜고짜 부탁해서는 안 됩니다. 그랬다가는 A 씨의 상사에게 거절당할 가능성도 있습니다.

회사 안을 둘러보면 다양한 스킬과 재능을 가진 사람이 많습니다.
그들에게 스킬과 능력을 발휘할 수 있는 일을 주어서 잠자던 의욕을 일깨워줍시다.

평소 사원들과 대화를 나누며 각 사원이 가진 스킬과 능력을 파악해두세요. 그러면 위급한 상황이 발생했을 때 든든한 지원군이 될 것입니다.

제6장
작은 회사에서 '수익을 내는 힘'을 기르는 방법

법칙 **35**

급여 등의 조건은
입사 전에 결정하라

**희망 연봉 중 일부는 인센티브나 복지로 보전해주겠다는 말을
믿으면 안 되는 이유**

제가 신입사원일 때에는 회사에 연봉 수준이라던가 각종 혜택에 대해 요구할 것이 많지 않았습니다.

대부분 그저 회사에서 제시해주는 바에 따랐죠. 하지만 점점 경력이 쌓이고 여러 곳에서 채용하기를 원하는 사람이 되어감에 따라, 면접 시에 연봉과 처우에 관한 협의를 해야 할 때가 많아졌습니다.

보통 회사에 요구하게 되는 것은 두 가지 정도인데, 하나는 연봉의 수준이고 다른 하나는 복지 및 혜택에 대한 수준입니다.

높은 연봉을 제시하면 다음과 같은 말을 듣게 되는 경우가 종종 있습니다.

"모리 씨가 제시한 연봉은 우리 회사 내부 기준에 초과하는 금액입니다. 하지만 우리는 모리 씨를 꼭 채용하고 싶습니다. 그래서 말인데, 연봉은 회사 내부 기준에 따르고, 인센티브나 복지로 나머지 금액을 채워드리는 것은 어떻습니까?"

복지나 처우에 관한 요청에 대해서는 다음과 같은 말을 듣기도 합니다.

"모리 씨가 제안한 복지 혜택만큼은 아직 지원되고 있지 않습니다. 하지만 점점 복지가 확대되고 있고, 모리 씨가 잘하면 특별히 혜택을 드릴 수 있으니 안심하고 입사하세요"

결론적으로 말씀드리자면, 이런 모호한 제안을 받았을 때에는 거부하는 것이 좋습니다.

보통 대기업에서는 연봉이나 복지나 혜택의 수준이 내부 강령으로 정해져 있는 곳이 많습니다. 어떤 직급은 얼마를 받고 수당이 얼마며, 특별 상여금으로 얼마를 지원한다는 기준이 뚜렷합니다. 노조가 있는 회사도 많기 때문에 처우가 그리 나쁘지 않고, 입사할 때 제시받았던 근로 기준과 처우가 그대로 유지되는 곳이 많습니다. 이런 곳에서는 개인이 연봉이나 처우에 관해 주장할 수 있는 여지가 그리 많지 않습니다.

하지만 작은 회사에서는 다릅니다. 복지에 대한 명확한 기준이 없을뿐더러 사장의 의지나 경영 상황에 따라 자주 변합니다. 회사의 사세 확장에 따라 복지가 확대되고 있다 하더라도 원하는 수준에 이르리라는 보장도 없고, 사원의 자아실현을 돕거나 역량을 개발하기 위한 명확한 프로그램이 없을 가능성도 큽니다.

더욱이 복지가 확대된다더라도 생색내기 식으로 확대되고 나면 딱히 원하는 복지가 아니라는 식으로 반박하기도 어렵습니다. 입사하고 나서는 기대했던 특별한 대우는커녕 일개 사원 중의 한 명으로 취급받을 가능성도 큽니다. 그런 직장에 익숙해지면 매너리즘에 빠져서 한 발 나아가기 위한 성장을 이루기도 쉽지 않습니다.

연봉에 대해서도 마찬가지입니다. 인센티브나 다른 부분으로 부족한 부분을 보전해준다지만 인센티브에 대한 명확한 기준이 있는 것도 아니고, 정확히 어떤 기준으로 어떻게 보전해주겠다는 이야기가 없다면 이는 단순히 적은 연봉으로 여러분을 채용하기 위한 말에 지나지 않습니다.

물론 면접을 볼 때, 다짜고짜 연봉이나 입사 조건 등을 제시한다면 대부분의 회사에서 싫어할 겁니다.

면접 과정에서 어느 정도 채용이 확실시되는 방향으로 이야기가 흘러가고, 회사에서 여러분을 마음에 들어 하는 눈치일 때 적절한 시기를 봐서 연봉이나 처우 등에 대한 조건을 확실히 보장받아야 합니다.

그리고 면접 시 처우에 대한 조건은 결국 개인의 성장이 회사의 성장으로도 이어진다는 점을 강력하게 피력해야 합니다. 그렇지 않고 단순히 개인의 성장만을 목적으로 처우 개선을 요구한다면 어느 회사도 이를 들어주지 않을 겁니다.

나는 이 회사에서 오래 일하면서 좋은 성과를 내고 싶고, 이를 위해서는 회사에서 조금 투자할 필요가 있다고 인식시켜야 합니다. 그리고 이를 바탕으로 입사 후의 처우에 대한 조건을 명확하게 결정하고 난 다음에 입사를 결정해도 늦지 않습니다.

회사가 원하는 인재상을 확인한다

만약 여러분이 연봉 협상이나 처우 개선을 요구할 만한 실적도, 경험도 없다면 면접 단계에서 회사가 원하는 인재상을 반드시 확인하기 바랍니다.

어떤 인재가 좋은 평가를 받는지 확인해두면 자신에게 맞는 회사인지 아닌지 판단할 수 있을 겁니다.

물론 이때에는 회사가 제시하는 일반적인 인재상을 그대로 해석하는 것은 피해야 합니다. 회사가 바라는 일반적인 인재상은 대부분 모호하고 굉장히 광범위하므로 크게 의미가 없을 수 있습니다.

그 대신, 어떤 사람을 채용하려고 하는지에 대해 확인하는 것이 중요합니다. 이를 통해 입사 후에 어떤 행동을 해야 좋은 대우를 받을 수 있을지도 알 수 있습니다.

법칙 **36**
돈의 흐름을 의식하라

회사의 숫자를 파악하고 있는가?

"연봉을 올리고 싶다"

"이렇게 열심히 일하는데 연봉이 적다"

"왜 나보다 저 녀석이 더 연봉을 많이 받는 거지?"

이런 불만을 느낀 적이 없나요?

여러분도 한 번쯤은 생각한 적이 있을지 모릅니다.

그러면 질문합니다.

"회사의 매출을 어느 부서에서 얼마만큼 올리고 있습니까?"

"회사의 이익은 얼마입니까?"

"회사의 차입은 얼마나 있습니까?"

"매출에 대한 인건비 비율은 알고 있습니까?"

여러분이 다니는 회사에 관한 물음이지만 대답할 수 있는 사람은 그리 많지 않을 것입니다.

하나 더 질문하겠습니다.

"여러분의 봉급 실수령액은 30만 엔입니다. 주택융자와 아이들 학원비, 생활비 등을 제외하고 5만 엔의 용돈을 받고 있다고 합시다. 그때 여러분은 아내에게 '나는 일을 열심히 하고 있으니 10만 엔으로 올려줘?'라고 말할 수 있습니까?"

현실적으로 무리입니다. 여러분은 생활비나 융자로 돈이 얼마나 들어가는지 알고 있기 때문에 용돈을 5만 엔이나 올린다는 것이 얼마나 비현실적인지 누구보다 잘 알고 있습니다.

회사의 급여도 집안의 용돈도 기본적으로는 같습니다.

여러분의 봉급과 용돈은 전체의 수입에서 경비와 다른 지불을 빼고 나서 정해집니다.

급여라는 것이 다른 경비와 회사의 경영상태, 다른 사원과의 상대평가 등 다양한 요인에 의해 정해진다는 사실을 알고 있어야 합니다.

작은 회사에서 일하는 사람도 재무 지식은 필수

작은 회사에서는 일하는 사원도 최소한의 재무 지식이 있어야 합니다.

돈이 얼마나 들어가고, 얼마나 나오는지, 그 흐름이야말로 경영 그 자체라고 해도 과언이 아닙니다.

또 재무제표를 읽는 능력도 필수입니다. 특히 간부가 되면 재무제표를 읽을 줄 알아야 합니다. 그렇지 않으면 경영진과 얼굴을 맞대고 논의를 할 수가 없습니다.

무엇을 하면 매출이 오를까, 무엇을 없애면 비용을 줄여서 이익이 오를까? 작은 회사일수록 하나의 조치가 수익에 큰 영향을 미칩니다.

돈의 흐름을 아는 것은 돈을 잘 버는 사람이 되기 위한 최소한의 조건입니다.

작은 회사에서 성공하고 싶다, 혹은 독립해서 회사를 설립하고 싶은 사람이라면 부기와 재무제표에 관해 잘 알고 있어야 합니다. 지금부터 배우기를 권장합니다.

법칙 **37**

연봉이 오르지 않거든
연수를 받으러 가라

월급은 쉽게 오르지 않는다

작은 회사에서는 매년 연봉이 크게 오르지는 않습니다.

 평소보다 몇십 배나 되는 성과를 내면 얘기가 다르겠지만 말이죠. 그런 경우에도 개인의 힘만이 아니라 회사조직의 힘도 작용한 것이라 개인이 온전히 평가를 받기는 어렵다고 할 수 있습니다.

 사장도 사원의 연봉을 마음대로 올릴 수 없습니다.

 "사원들에게 급여를 지급하면 세금을 줄일 수 있다"고 말하는 사람도 있지만, 급여가 많이 나갈수록 사회보험비를 내는 회사의 부담도 커집니다. 게다가 한 번 기본급을 올리면 쉽게 내리지 못하고 고정비의 압박에 시달릴 수도 있습니다.

그래서 연봉이 잘 오르지 않는 것입니다.

작은 부동산 회사에서 일할 때도 연봉이 조금씩 오르기는 했지만 제가 낸 성과를 생각하면 미미한 수준이었습니다.

연봉이 쉽게 오르지 않는다는 것을 알고 저는 회사에 요청했습니다.

연수나 세미나에 보내달라고 말이죠. 연봉을 올리지 못할 거면 차라리 스킬과 능력을 키워서 본전을 뽑자고 생각했던 것입니다.

회사의 사장은 늘 새로운 수익 구조와 정보, 비용감면에 대한 노하우를 찾습니다. 그래서 경영컨설턴트라는 직업이 존재하는 것입니다.

제가 일하던 작은 부동산 회사에서도 연간 1,000만 엔가량의 비용을 지불하고 컨설턴트를 고용했습니다.

회사의 사장은 본래, 사원이 경영의 득이 되는 정보와 노하우를 외부에서 들여와서 회사가 이익을 내는 데 공헌하기를 바랍니다.

회사 경비로 배우고 싶은 것을 배워라

저는 이런 사장의 바람에 편승해서 회사 경비로 상속에 관한 연수 프로그램에 참가하거나 부동산 투자에 관한 자격을 취득하는 등 많은 세미나와 연수에 참가했습니다.

업무의 일부로 외부 연수에 참가하거나 복리후생의 일환으로 해외 연수에 참가한 적도 있습니다.

이렇게 저는 회사의 지원을 받아서 제 힘으로는 엄두도 내지 못했던 배움의 기회를 얻었습니다.

그렇다고 받기만 한 것은 아닙니다. 받은 만큼 보답해야 한다고 생각해서 열심히 일했습니다. 그것이 의무라고 생각했기 때문입니다.

하지만 저 개인의 스킬과 능력을 기른 것을 생각하면 그 정도는 아무것도 아닙니다. 돈과 시간이 없어서 배우지 못한 게 있다면 회사를 잘 이용해보도록 합니다. 이루지 못한 꿈을 실현할 수도 있습니다.

저는 현재 상속과 기업 관련 컨설턴트를 하고 있는데, 회사원 시절에 연수와 세미나를 통해서 배운 지식이 그 밑거름이 되었습니다.

연봉에 불만을 느끼고 있나요? 그렇다면 "연수와 세미나에 가게 해달라"고 요청해보세요.

어쩌면 금전적인 보수 이상의 스킬과 능력을 손에 넣을 수 있을지 모릅니다.

법칙 **38**
자신의 매출공헌도를
숫자로 파악하라

여러분은 회사의 매출에 얼마만큼 공헌하고 있습니까?
질문하겠습니다.

여러분은 지금 회사에서 얼마만큼의 매출을 올리고 있습니까?
단순계산이라도 좋으니 꼭 한 번 계산해봅시다.

회사에 대한 여러분의 공헌도는 돈을 얼마나 벌어들이고 있는지로 미루어 생각할 수 있습니다.

제가 음식 체인에서 일하던 시절에는 규모가 큰 곳이라서 제가 얼마나 회사에 공헌하고 있는지 숫자로 계산해본 적이 없었습니다.

물론, 점포의 매출 등 기본적인 숫자는 파악하고 있었습니다. 다만 음식 체인에서는 매출이 입지의 영향을 받기 때문에 혼자 힘으로 매출을 크게 변화시키는 것은 무리였습니다.

하지만 50명 정도의 작은 회사라면 자신이 얼마나 회사에 공헌하고 있는지 대충 파악할 수 있습니다.

아니, 오히려 작은 회사에서 일하는 사람이라면 자신이 얼마나 회사에 공헌하고 있는지 대강이라도 숫자로 알고 있어야 합니다.

자신의 공헌도를 알 수 있으면 스스로 해야 하는 일이나 과제가 보이고 의욕도 향상됩니다. 또 자신의 역량을 숫자로 파악하는 능력은 독립해서 회사를 설립했을 때, 반드시 도움이 됩니다.

우선은 적자사원에서 탈피하자

우선은 '적자사원'이 되지 않는 것이 중요합니다.

업종이나 회사, 입장, 연봉에 따라 다르겠지만, 연봉이 350만 엔이라면 최소한 매출 1,000만 엔을 올릴 수 있어야 합니다. 그러면 '적자사원'이라는 딱지는 붙지 않을 겁니다.

2,000만 엔이 넘는 매출을 올리는 데 공헌했다면 우수한 사원이라고 할 수 있습니다.

제가 지금 경영하는 컨설팅 회사는 저 혼자 최소 2,000만 엔의 매출을 목표로 하고 있습니다. 제조업의 경우는 매출이 아니라 이익을 기준으로 공헌도를 따지는 게 더 편리할 것입니다.

번 돈의 3분의 1이 '타당한 급여액'이라는 도시 전설에 가까운 이야기를 들은 적이 있습니다. 현실적으로는 커미션(중개수수료)이 아니라면 4분의 1에서 5분의 1이 적당하다고 생각합니다. 즉, 1,000만 엔의 연봉을 받으려면 적어도 4,000~5,000만 엔의 매출을 올려야 한다는 말입니다.

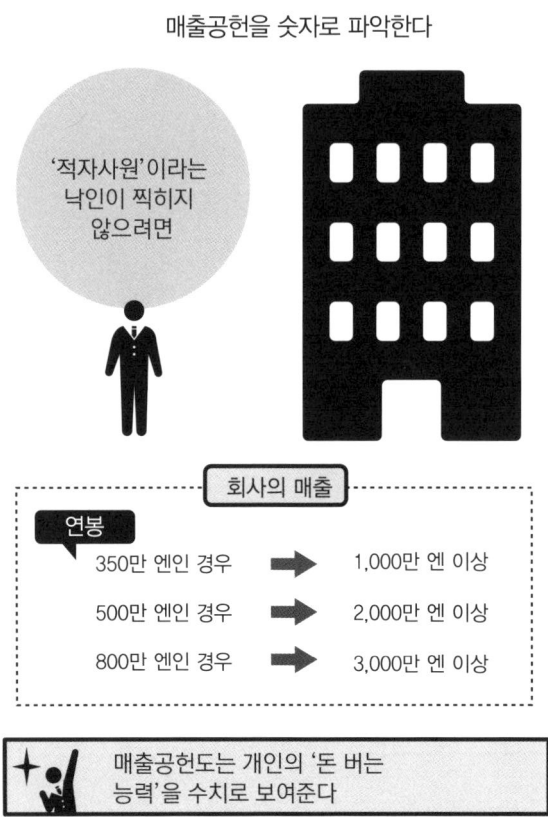

매출공헌을 숫자로 파악한다

법칙 **39**
제출물은 먼저 작성하는 습관을 들여라

제출물은 미리 작성하는 것이 좋다

회사에서의 비즈니스 업무를 처리할 때 보통 할 일 리스트(To-do List)를 이용하여 관리하는 경우가 많습니다.

그런데 일이 복잡해지고 쌓이다 보면 어느 순간 무엇을 먼저 하고 무엇을 나중에 해야 할지 헷갈리는 경우가 생겨서 원활하게 일을 처리하기가 쉽지 않습니다.

이런 경우 긴급도와 중요도를 이용하여 우선순위를 나누면 쉽게 처리 순서를 정할 수 있습니다. 단순히 긴급도만을 기준으로 일을 처리할 경우 급한 일 위주로 처리하게 되므로 일시적인 처리에 급급해져 근본적인 해결이 어려울 수 있는 반면, 중요도만을 기준으로 일을 처리하면 문제의 핵심만 해결하려는 경향이 생기므로 상황 해결이 어려울 수 있습니다.

이 때문에 긴급도와 중요도를 함께 사용하여 업무를 분류하고, 이를 바탕으로 업무의 순서를 정하는 것이 좋습니다. 이를 시간 관리 매트릭스라고 하는데 다음과 같은 형태가 됩니다. 이에 따르면 업무는 모두 4개의 군으로 나눌 수 있는데 각각의 영역은 다음과 같은 특성을 가집니다.

- 제1영역 : 높은 긴급도와 높은 중요도. 정해진 업무나 회의, 위기 및 위험 대처 상황, 기타 긴급한 문제
- 제2영역 : 낮은 긴급도와 높은 중요도. 미래를 위한 계획이나 자기계발, 인간관계 유지를 위한 업무
- 제3영역 : 높은 긴급도와 낮은 중요도. 중요하지 않은 문제의 해결이나 참석이 강제되지 않은 회의
- 제4영역 : 낮은 긴급도와 낮은 중요도. 보여주기식 업무나 무의미한 대기 활동, 기타 비생산적인 활동들

이들 중에서 가장 먼저 해야 할 일이 긴급도와 중요도가 모두 높은 제1영역이라는 데에는 이견이 다들 없을 것입니다. 중요한 결과와 직결되기 때문이죠. 고민해야 하는 것은 그다음에 무엇을 할 것인가입니다.

일반적인 경우 사람들이 선택하는 것은 중요도는 낮으나 긴급도가 높은 제3영역입니다. 언뜻 보기에 긴급해 보이기 때문에 중요한 업무 같지만 사실 그다지 중요한 결과를 가져오지 못하는 영

역입니다.

제1영역 다음으로 우선시되어야 하는 영역은 제2영역입니다. 긴급도가 낮지만, 중요도는 높은 부분으로, 미리 해 두지 않으면 시간이 지남에 따라 긴급도가 높아지는 제1영역으로 이동할 수 있는 업무들입니다.

가령 프레젠테이션 자료 준비라든가 업무와 관련된 자격시험 공부와 같은 것이 그에 해당하죠. 조금 이해하기 어렵다면, 치과에 가는 일을 생각해보면 쉽습니다.

지금 당장 가지 않는다고 해서 음식을 씹을 수 없거나 당장 이가 빠지는 것은 아니겠지만, 충치를 그대로 내버려두면 나중에는 당장 가서 치아를 뽑아야 하는 상황이 벌어지게 됩니다.

긴급도는 낮지만, 중요도는 높은 일을 먼저 처리하면 좋은 점

제2영역에 속하는 일, 즉 제출해야 할 기획안이나 자료가 있다고 합시다. 저는 업무 지시를 받으면 가급적 즉시 이를 시작하려고 노력합니다.

기획서든 자료든 미리 제출하면 조직 자체의 업무 속도가 빨라지는 결과를 가져올 수 있기 때문입니다.

일주일 후에 자료를 제출하라는 업무 지시를 받으면 대다수 사람은 느긋하게 마음을 먹게 마련입니다. 자료를 만드는 데 하루 정도밖에 걸리지 않는다면 더욱 그러할 수 있습니다. 이런 사람은 대부분은 마감을 기준으로 업무 계획을 세우게 되고, 이를 기준으로 정확히 일주일 후에 맞추어서 자료를 제출하게 됩니다.

개중에는 마감 하루 정도 전에 여유롭게 끝내는 사람도 있지만, 마감 직전에야 부랴부랴 작성해서 내는 사람도 있게 마련입니다.

이 경우, 내용을 다시 다듬거나 보완할 시간이 부족하여 완성도가 떨어지는 자료가 만들어지기 쉽습니다. 오타라든가 잘못된 데이터가 있다 할지라도 검증하기가 쉽지 않습니다.

이 자료가 그대로 임원이나 사장에게까지 보고된다면 조금 더 심각한 문제가 발생할 수도 있습니다.

될 수 있는 대로 일을 미리 처리하되 완성한 후 그냥 내버려두는 것보다는 완성된 결과에 대해 상사에게 피드백을 받거나 의견을 구해보는 것도 현명한 방법일 수 있습니다.

"이 자료를 만들다 보니 이런 문제가 있던데요, 그것에 대한 자료도 첨부할까요?"하는 식으로 말이죠. 이처럼 조금 더 업그레이드된 자료를 만들고자 노력하거나 자료에 대해 고민해보는 것만으로도, 상사에게는 이미 일 처리를 어느 정도 완성하고 있다는 인상을 줄 수 있습니다. 일을 잘 처리하는 사람이라는 신뢰는 덤으로 쌓이게 되고 말입니다.

일을 처리할 순서가 애매할 경우에는 중요한 일부터 먼저 처리하도록 합니다. 시간이 남는다면 처리한 일을 다시 확인하여 꼼꼼하고 빈틈없는 사람이라는 인식을 심어주는 것이 중요합니다.

시간 관리 매트릭스

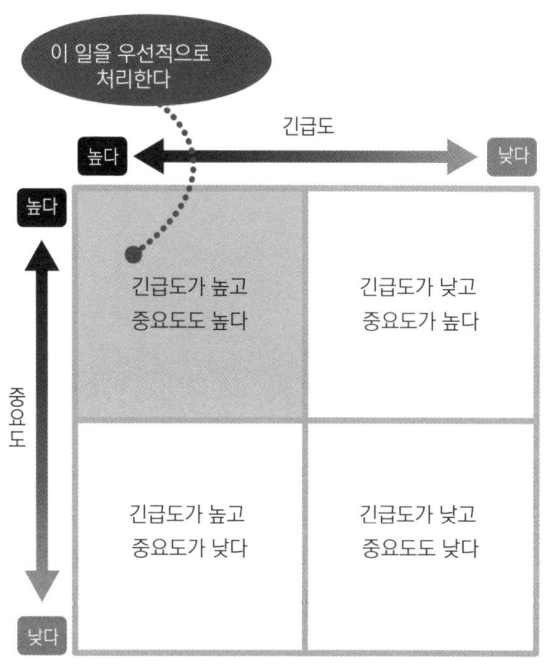

'긴급도가 낮고, 중요도가 높은' 일을 방치하면
'긴급도가 높고, 중요도도 높은' 일이 늘어난다

법칙 **40**
과정보다 결과를 중시하라

작은 회사에서는 '매출'이 가장 중요하다

큰 회사에서는 일하는 과정도 평가의 대상이 됩니다.

반면에 작은 회사에서는 '과정'보다 '결과'가 중시된다는 것을 명심해야 합니다.

작은 회사에서도 많은 사장이 '과정은 중요하다' '일에 대한 자세도 평가하고 싶다'고 생각합니다.

하지만 느긋하게 기다리고만 있을 수는 없는 것이 현실입니다.

"빨리 결과를 내주었으면" 더 구체적으로 말하자면 "빨리 매출을 올렸으면" 하고 바라는 것이 본심입니다.

예를 들어, 영업사원 전원이 며칠간 연수를 떠나면 사장은 마음이 불안해서 일도 손에 잡히지 않습니다.

교육이 중요하다는 것을 머리로는 이해하면서도 마음은 불안하고 초조합니다. 교육 효과가 매출에 바로 반영되지는 않기 때문입니다.

그러다 보니 '회사를 위해, 사원을 위해'라고 부르짖으며 새로운 구조를 받아들이고 교육제도를 도입해도 중간에 흐지부지되고 맙니다.

이게 다 경영진이 결과를 내는 데만 급급한 것이 원인입니다. 느긋하게 기다리지를 못하는 것입니다.

물론 결과를 중시하는 것이 나쁜 것만은 아닙니다.

경영을 안정시키려면 조기에 매출을 올릴 필요가 있습니다. 결과가 나오지 않으면 교육도 새로운 시스템도 아무런 의미가 없습니다.

수익을 내는 능력 = 결과를 내는 능력

경영간부는 본능적으로 결과를 바랍니다.

반면에 그 아래에서 일하는 부하직원은 결과만이 아니라 과정도 봐주기를 내심 바랍니다.

하지만 결과를 보지 않으면 여러분에게 좋은 평가를 줄 수 없습니다.

"노력하는 모습을 더 봤으면 좋겠다"고 불평을 할 틈이 있으면 차라리 "결과를 낼 테니 예산을 주세요"라고 약속할 의욕을 보여

줍니다. 그래야 윗사람에게 더 좋은 평가를 받을 수 있을 것입니다.

과정을 제대로 거치면 결과는 나오게 되어 있습니다. 결과가 나오지 않는다면 불평만 늘어놓기 전에 자신의 과정에 문제가 없는지 점검해봐야 합니다.

실제로 기회는 많습니다.

기회가 자기 앞에 떨어지기를 기다리니 불평이 나오는 것입니다. 스스로 잡으러 나서야 합니다. 그러지 않으면 기회는 눈앞에서 그냥 지나갈 것입니다.

"어중간하게 하면 불평이 나오고 열심히 하면 지혜가 나온다"

이것은 제가 좋아하는 말입니다.

결과를 내기 위해 사력을 다해 생각하고 행동하는 것이 중요합니다.

돈을 버는 능력이 결과를 내는 능력이라고 생각합니다. 과정도 중요하지만, 결과가 나오지 않으면 회사에 돈이 들어오지 않으니까요.

법칙 41
인내는 쓰지만 열매는 달다

정열적이다. 포기하지 않는다. 지속한다.

저는 지금까지 다양한 세미나와 연수에 참가하는 과정에서 성공하는 사람과 그렇지 못한 사람의 차이를 발견할 수 있었습니다.

단적으로 말해서 성공하는 사람들은 "정열적이고, 포기를 하지 않으며, 뭔가를 꾸준히" 한다는 공통점을 가지고 있습니다.

애플의 창업자이자 다시 한 번 재도약시킨 혁신의 아이콘 스티브 잡스(Steve Jobs), 날개 없는 선풍기를 만들어낸 제임스 다이슨(James Dyson), 중국 최고의 전자상거래 업체를 이룩한 알리바바의 마윈(Jack Ma), 일본에서 경영의 신이라 불리는 이나모리 가즈오. 대표적으로 이들은 앞에서 언급한 세 가지 공통점을 모두 가지고 있는 사람들입니다. 이것이 이들의 성공의 비밀입니다.

그런데 세미나와 연수에 참가해 이들의 성공 사례를 설명하다 보면 성공할 수 있었던 핵심원리보다는 어떤 아이템, 어떤 사업으로 성공했는가만 관심을 가지는 사람들이 많습니다.

성공한 사람의 지식과 노하우를 배우고 그대로 따라 하면 성공할 수 있다고 착각하는 것이죠. 이들은 단순히 구체적인 성공 비결에만 초점을 맞추기 때문에 주목해야 할 핵심 원리에 대해서는 미처 보지 못합니다.

TV에서 소개하는 사례도 마찬가지입니다. 특이한 찹쌀떡을 만들어 팔면서 성공한 사례, 고급 붕어빵을 팔아서 성공한 사례, 히트 친 상품 등 이야기 대부분은 어떤 아이템으로 어떻게 했더니 성공할 수 있었다 하는 이야기에 초점을 맞추는 경향이 많습니다.

그러다 보니 성공의 밑거름이 된 실패와 그동안의 인내에 대해서는 제대로 조명하지 못하게 됩니다.

성공한 사람들에게 다른 사람의 성공 사례를 이야기해 줄 때에는 반응이 많이 다릅니다.

이들은 어떻게 성공했는지보다 어떻게 실패를 극복했는지를 더 유심히 보는 경향이 있습니다. 한 번의 성공보다는 성공을 위해 실패했던 나머지 아흔아홉 번에 주목하는 것이죠.

이들은 성공하기 위해 인내가 반드시 필요하다는 것을 알고 있습니다. 그래서 계속되는 실패에도 포기하지 않고 정열적으로 도전할 수 있습니다. 그런데 이 인내라는 것은 단순히 무작정 버티는 것과는 다릅니다.

성과가 나지 않거나 매출이 떨어지더라도 계속 버티고만 있는 것이 아닙니다. 실패를 받아들이고 이를 꼼꼼히 분석하여 다음 도전에서 실패하지 않게 노력하는 것이 바로 인내입니다.

성공하려면 일단 페달을 밟아라

성공하는 것은 자전거를 타는 것과 무척 비슷합니다. 자전거도 성공과 마찬가지로 포기하지 않고 열심히 계속 타 보아야 하기 때문입니다.

자전거를 처음 배울 때에는 대부분 중심을 제대로 잡지 못해 숱하게 넘어지게 됩니다. 이때 포기하지 않고 타기를 계속해야 어느 순간 넘어지지 않는 방법을 체득하게 됩니다. 넘어지더라도 크게 다치지 않는 요령을 습득하게 되고 마침내 자전거를 제대로 탈 수 있게 됩니다.

일단 타는 요령을 배우면 자전거를 타는 것이 더는 어렵지 않습니다. 하지만 그에 이르기까지 포기하지 않고 열심히 계속 타는 것이 중요합니다. 오늘 넘어져서 아프다고 내일 다시 도전하고, 넘어져서 아프다고 다시 며칠 뒤에 도전한다면 점점 자전거 타는 법을 배우기는 어려워져 갑니다.

일도 자전거와 마찬가지입니다. 여러 번 시행착오와 실패를 겪을지라도 포기하지 않고 계속해서 도전해야 자기만의 성공법칙, 혹은 실패하지 않는 법을 알게 됩니다.

　누군가를 따라 해 볼 수도 있을 테지만, 이는 성공을 거둔다 하더라도 일시적인 현상에 불과합니다. 조만간 난관에 부딪히게 되죠. 스스로 어려움을 헤쳐나갈 능력이 없다면 성공을 위해 넘어야 하는 여러 번의 장애물을 넘어설 수 없습니다.

　일단 자전거에 올라탔다면 넘어지지 않기 위해 계속 페달을 밟아야 하는 것처럼 성공하기 위해서도 계속 발을 구르고 도전해야 합니다.

　포기하지 않고 꾸준히 도전하다 보면 반드시 성공하는 순간이 옵니다. 사업이나 장사라면 대박이 날 것이고, 공부나 연구라면 이해하기 힘들었던 이론이나 실험 결과가 일목요연하게 정리되는 순간이 오겠죠.

　그때까지는 약간의 인내가 반드시 필요합니다. 그 인내가 무척 쓰고 힘들지도 모르지만 그렇게 스스로 터득해낸 경험들은 언제, 어느 곳에서든 요긴하게 쓰이게 될 것입니다.

아흔아홉 번 실패했더라도 한 번만 성공하면 된다

　실패가 거듭될수록 도전하는 사람의 마음속은 불안해지기 마련입니다. 과연 이대로 해서 성공할 수 있을지 그저 실패만 반복하다가 끝나는 것은 아닐지…. 불투명한 미래 때문에 걱정은 이만저만 이 아니게 될 겁니다.

하지만 성공과 실패는 판정승 같은 것이 아니라서, 실패를 아무리 많이 했더라도 상관없습니다. 마지막에 한 번만 성공하면 되기 때문입니다.

에디슨은 백열전구를 만들 때 약 2천 번 가까이 실패했던 것으로 유명합니다.

"2천 번이나 실패하고도 어려움을 극복한 요인"에 대해서 묻는 기자에게 에디슨이 2천 번의 실패가 아니라 전구를 개발하기 위한 2천 번의 과정이었을 뿐이라고 말한 것은 수많은 실패가 성공의 과정임을 보여주는 예라고 할 수 있습니다. 결국, 에디슨이 실패 끝에 전구를 발명했을 때 사람들은 아무도 2천 번의 실패 끝에 이룬 한 번의 성공을 깎아내리지 않았습니다.

중요한 것은 결국 성공했다는 것이기 때문입니다.

실패를 아무리 많이 하더라도 인내를 가지고 끈기있게 계속 노력하면 결국은 성공으로 보답 받게 되어 있습니다.

그리고 성공은 언제나 항상 가장 마지막 실패의 끝에 기다리고 있는 법입니다.

성공한 사람의 인내에 초점을 맞춘다

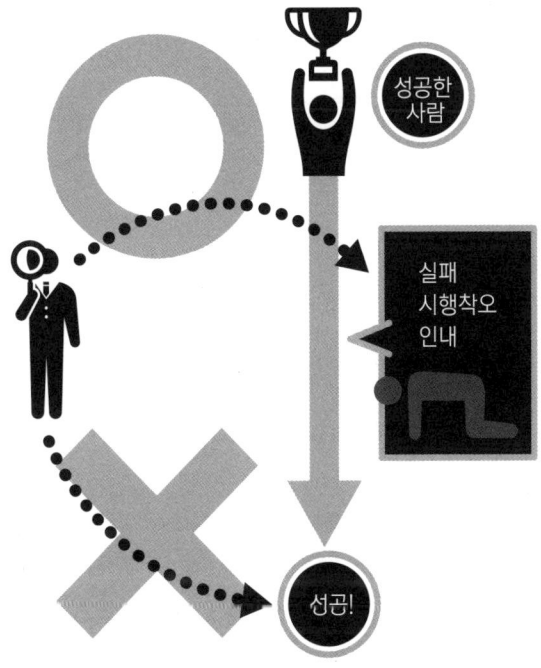

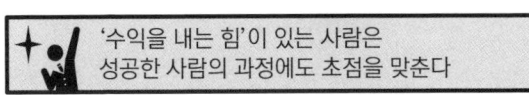
'수익을 내는 힘'이 있는 사람은
성공한 사람의 과정에도 초점을 맞춘다

맺음말

이 책을 마지막까지 읽어주셔서 감사합니다.

앞에서 소개한 법칙을 실마리 삼아서 생각을 바꾸고 이를 꾸준히 실천하면 반드시 좋은 결과가 나올 것입니다.

꼭 작은 회사에서 성공을 거두시기를 바랍니다.

누구나 한번은 작은 회사보다 큰 회사가 좋아 보일 때가 있을 겁니다.

동년배의 사람이 자기보다 높은 연봉을 받는다는 걸 알았을 때.

대기업에 다니는 사람에게 세간에서 화제가 되는 큰일을 맡았다는 소식을 들었을 때.

세계를 무대로 종횡무진 활약하는 대기업 사원과 만났을 때.

이럴 때는 "역시 큰 회사에 다니는 사람이 좋구나"라고 마음이 술렁거릴 수도 있습니다.

하지만 남의 떡이 커 보이는 법입니다.

작은 회사에서 자신을 연마하다 보면 틀림없이 타인이 부러워할 만한 활약을 펼치고, 스스로도 만족할 수 있는 일을 하게 될 것입니다. 그것은 제가 약속드립니다.

어차피 지금부터 큰 회사로 전직하려고 해도 생각처럼 쉽지 않을 겁니다. 그럴 바에야 지금 여러분이 있는 곳에서 빛나는 편이 낫지 않을까요?

그래도 남의 떡이 커 보이는 사람은 생각을 바꿔보세요.

세계에서 손꼽히는 리더십 전문가 앤소니 로빈스(Anthony Robbins)는 이렇게 말합니다.

"어떤 일에 의미는 없다. 본인이 의미를 부여함으로써 비로소 의미가 생긴다"

그렇습니다. 어떤 일이든 좋다, 싫다를 결정하는 것은 자기 자신입니다.

예컨대, 메이저리그에서 활약하는 이치로 선수가 슬럼프에 빠졌다고 합시다.

이를 지켜본 사람은 "이치로 선수는 힘이 떨어진 것일까" "이대로 은퇴해야 하는 것은 아닐까"라고 선수에게 의미를 부여하려고 합니다.

하지만 당사자는 "다시 해야 할 과제를 찾았다. 또 진화하기 위해 필요한 과정이다"라고 긍정적으로 생각할지도 모릅니다.

똑같은 일이라도 사람마다 그것을 받아들이는 방법이 다른 것입니다.

더 가까운 예를 들어볼까요.

아침 출근 시간에 전철을 놓치면 어떤 생각이 들까요?

"제길! 놓쳤네. 회사에 늦겠어."라고 생각하는 사람이 많을지 모릅니다.

하지만 이렇게 생각하는 사람도 있습니다.

"운이 좋네. 기다렸다 타면 자리에 앉아서 갈지도 몰라. 기다리는 동안 업무 메일을 처리하자."

물론 순간에는 어떤 사람이든 "짜증 난다"는 감정이 생길 겁니다. 하지만 그 직후에 어떻게 "의미부여"를 하느냐에 따라서 짜증 나는 일도 긍정적으로 받아들일 수 있는 것입니다.

"큰 회사에 갔으면 좋았을 텐데.""큰 회사에 다니는 사람이 부럽다" 그런 감정을 갖는다고 해서 달라지는 것은 아무것도 없습니다.

하지만 다음과 같이 생각을 전환하면 더는 남의 떡이 커 보이지 않을 것입니다.

"작은 회사에는 출세의 기회가 많다"

"작은 회사에 다니면 수익을 내는 힘을 기를 수 있어서 회사를 설립하기가 수월하다."

"작은 회사에 다니면 문제해결능력을 기를 수 있다"

만약 큰 회사에 다니는 것이 부럽게 느껴지면 이 책을 펼쳐서 다시 읽어보기를 바랍니다. 아마도 작은 회사에서 일하는 메리트를 재확인할 수 있을 것입니다.

이 책이 여러분이 도약하는 데 발판이 되기를 진심으로 바랍니다.

지은이_모리 고(毛利豪)

주식회사 오너서포트컨설팅 대표이사.

대학을 졸업한 후에 아르바이트 경험을 살려서 요식업에 취직했다. 당시 점장에게 "빨리 남들 위에 서는 것이 좋다"는 조언을 듣고, 벤처형태의 일본 전통 레스토랑에 취직. 스물넷에 연매출 1억 엔이 넘는 점포의 점장으로 발탁된다. 요리 제공시간, 점장 서비스 콘테스트, 판매콘테스트 등에서 점포 1위를 차지했다. 이때, 팀의 사기를 올리고 능동적으로 일하는 스킬을 익혔다.

하지만 점포 120개, 종업원 5,000명이 넘는 큰 회사였으므로 과장보다 '등급'은 높았지만, 나이가 어린 데다 윗자리에 공석이 나지 않아서 실제로 과장에 오르지 못하고, 매년 같은 업무를 반복했다.

뜻한 바 있어 서른두 살에 업종을 바꿔 회사를 옮겼다. 연간 세 번 보너스가 있는 대기업, 연봉 1,000만 엔이 넘는 대기업, 안정적인 대기업 등등 여러 곳에서 입사제의를 받았지만 하고 싶은 일을 할 수 있고, 할 수 있을 것 같은 작은 부동산회사에 취직했다. 열심히 일하는 모습이 임원의 눈에 들어서 3개월 만엔 신규사업, 3년 만에 과장으로 승진하고 이후 간부로 승진. 현재는 독립하여 경영컨설턴트 및 상속컨설턴트로 활약 중이다.

저서로 〈'최강 팀'을 만드는 법「最強チーム」の作り方〉,〈상속컨설턴트 입문 相続コンサルタント入門〉이 있다.

옮긴이_전경아

중앙대학교를 졸업하고 일본 요코하마 외국어학원 일본어학과를 수료했다. 현재 번역 에이전시 엔터스코리아 출판기획 및 일본어 전문 번역가로 활동하고 있다.

주요 역서 『긍정적인 사람의 힘』『유쾌한 성경책』『ETS가 알려 주지 않는 토익의 26가지 비밀』『지속가능형 인간』『뭘 하기도 뭘 안하기도 애매한 서른다섯』『역사 문화 인문지식이 업그레이드 되는 유쾌한 성경책』『북유럽 스타일 종이소품집』『지도로 보는 세계민족의 역사』『모빌 아티스트 이로켄 상상을 모빌로 걸다』『스티브 잡스 실패를 즐기고 성공을 꿈꿔라』『당신에게 눈부신 오늘을 선물합니다』『3초 행복 테라피 무엇을 주웠니』『모두에게 YES를 이끌어내는 협상 심리학』『간단 명쾌한 발달심리학』『비기너 심리학』『서른 살 직장인 글쓰기를 배우다』『정시퇴근, 그 시간활용의 힘』『통하는 커뮤니케이션』『새콤달콤 심리학』『당신이 바쁘고 시간없는 진짜 이유』『트릭의 심리학(공역,대역)』『놀라운 집중의 기술』『5초 안에 상대를 사로잡는 각인의 기술』『성공한 사람들의 99% 습관: 말하는 매너 쓰는 기법』『행복한 천재를 만드는 행복한 두뇌』『외동아이 잘 키우는 55가지 지혜』『팀장 대화법』『일근육』『비즈니스 협상 사례를 통해 배우는 협상력 입문』『유능한 리더의 일 시키는 기술』『여자의 바람기』『경영의 핵심을 잡는 20가지 방법』『세계장편문학』『대체요법으로 암을 극복했다』『성인병의 원인 내장비만』『꿈꾸는 섬 마부라이』『두근두근 설레는 영업』『도깨비 맨션 수비대』『도깨비 케이크 미스테리 서클』『일하는 의욕에 불을 붙여라』『미스터리 세계사』『세포부터 건강해지는 마흔의 밥상』『모두에게 사랑받는 아이로 키우는 마법의 레슨』『일은 부하에게 맡겨라』『센다식 10배 빠른 발상법』『굿바이, 나른함』등 다수가 있다.